CB064664

Solteira sim, sozinha nunca

CIP-BRASIL. CATALOGAÇÃO NA FONTE
SINDICATO NACIONAL DOS EDITORES DE LIVROS, RJ

F343s

Feldon, Barbara
    Solteira sim, sozinha nunca : como desfrutar as maravilhas deste estilo de vida / Barbara Feldon ; tradução Carolina Caires Coelho. - Campinas, SP : Verus, 2008.

    Tradução de: Living Alone and Loving It : A Guide to Relishing the Solo Life
    ISBN 978-85-7686-033-4

    1. Solteiras - Guias de experiência de vida. 2. Pessoas sozinhas - Guias de experiência de vida. I. Título.

08-1004   CDD: 305.489652
                    CDU: 316.346.2-055.2-058.832

Barbara Feldon

Solteira sim, sozinha nunca

Como desfrutar as maravilhas
deste estilo de vida

Tradução
Carolina Caires Coelho

VERUS
editora

Título original
Living Alone and Loving It
A Guide to Relishing the Solo Life

Copidesque
Ana Paula Gomes

Revisão
Anna Carolina G. de Souza

Capa e projeto gráfico
André S. Tavares da Silva

Copyright © 2003 by Barbara Feldon

Originalmente publicado por Fireside, Rockefeller Center,
1230 Avenue of the Americas, New York, NY 10020
Fireside e colofão são marcas registradas de Simon & Schuster, Inc.

Direitos de tradução acordados por Anderson Grinberg Literary
Management, Inc. e Sandra Bruna Agencia Literaria, SL.

Todos os direitos reservados, no Brasil, por Verus Editora.
Nenhuma parte desta obra pode ser reproduzida ou
transmitida por qualquer forma e/ou quaisquer meios
(eletrônico ou mecânico, incluindo fotocópia e gravação) ou
arquivada em qualquer sistema ou banco de dados sem
permissão escrita da editora.

VERUS EDITORA LTDA.
Av. Brasil, 1999, Jd. Chapadão
13070-178 - Campinas/SP - Brasil
Fone/Fax: (19) 4009-6868
verus@veruseditora.com.br
www.veruseditora.com.br

Para Leo Stone

Agradecimentos

Sou grata a muitas pessoas cujo apoio e colaboração iluminaram estas páginas: minha querida irmã, Pat Koleser, por ser minha estrela-guia; Buddy Mantia, pelo entusiasmo e pela amizade resgatadora; e Molly Peacock, minha fã, inspiração e irmã postiça.

Sou grata pelos maravilhosos talentos de minha agente, Kathleen Anderson, cuja atenção a cada fase deste livro foi extremamente valiosa, e devo muito ao olhar clínico e ao enriquecedor auxílio de minha editora na Simon & Schuster, Doris Cooper. Quando em alguns momentos desanimei, David Schulman me ajudou a seguir adiante nas noites de sexta-feira, quando compartilhávamos projetos e comida tailandesa.

Agradeço imensamente a muitos homens e mulheres que partilharam comigo seus pontos de vista a respeito de viver sozinhos: as amáveis contribuições de minha amiga Jan Meshkoff; Ralph Rosenberg, que contribuiu muito para minha vida; a inspiradora Diane Morrison; Doris Burkett, que tem um coração enorme; Bob Stewart, uma confiável fonte de energia e alegria; Nan Winton; a corajosa Bess Peterson; Jean Block, minha primeira mentora na arte de viver sozinha; a fervorosa viajante Lori Misura; Luba Snable; a dançarina de sapateado Posi Tucker; Dory Previn, pela sabedoria; Casey Kelly, que criou nosso grupo de apoio; meu querido amigo Burt Nodella, que é mestre em matéria de viver sozinho; e muitos outros que me permitiram colher informações valiosas de suas experiências.

Tenho muita sorte por guardar no coração lembranças afetuosas de Jan Stussy, um mágico da vida, e de Leo Stone, que me concedeu o dom de ser dona do meu nariz.

Sumário

Prólogo 9

1. Viver sozinha 16
2. Matando o dragão da solidão 21
3. Afastando pensamentos negativos 37
4. Intimidade 46
5. E o romance? 58
6. Meu espaço, meu jeito 69
7. Dinheiro é a raiz da autonomia 77
8. Sozinha em tempos de crise 86
9. Enfrentando as coisas juntos: grupos de apoio 95
10. Viajar sozinha 103
11. Buscando a si mesma 114

Epílogo 122

Prólogo

Quando eu era criança, a maior emoção que sentia no circo era ao observar os trapezistas. Lá no alto, sob as luzes da tenda, uma jovem mulher com roupas alegres e justas voava, presa pelas mãos do parceiro. De repente, ele a soltava e ela ia voando sozinha, diante do público surpreso. Então, quando ela começava a cair, outro parceiro se balançava para pegá-la. Eu me imaginava como a mulher no emocionante vôo, passando de um par de mãos masculinas a outro.

Era sublime.

Anos depois, percebi que eu sempre esperara, ardentemente, encontrar salvação nos braços de um homem – uma união profunda, íntima, que satisfizesse a alma, com um parceiro forte, que me incentivaria, confortaria e, em muitos aspectos, me apoiaria. Por um momento o destino realizou meus desejos, mas, quando as coisas deram errado e me vi sozinha, senti como se estivesse caindo no espaço. Não havia braços esticados à vista e eu não tinha uma rede de proteção onde saltar.

∽

Na infância, internalizei a idéia de que a verdadeira felicidade era aquela encontrada em um parceiro. Ponto. Todos os adultos que eu conhecia eram casados. Em nosso bairro no subúrbio de

Pittsburgh, havia, todos os dias, uma coreografia de pais que saíam de manhã para trabalhar e mães que, ao anoitecer, tomavam banho, se trocavam, perfumavam e penteavam, preparando-se para o retorno dos maridos – uma dança que refletia a rotina de meus pais. Toda noite, quando meu pai chegava em casa, ele se aproximava de minha mãe, enquanto ela cozinhava, e contava as novidades do dia de trabalho; os dois bebericavam uísque com gelo e, a meus olhos de criança, aquilo era tão glamoroso quanto um filme romântico. Eu olhava para eles da porta da cozinha, sonhando com o dia em que eu cresceria e desempenharia o papel de mãe em meu próprio enredo.

Enquanto progredia de observadora invejosa no casamento de garotas mais velhas para dama de honra – ajudando amigas a atravessar a igreja e a ser o centro das atenções no altar –, eu constatava com prazer a inevitabilidade e a eternidade do futuro ao lado de um companheiro. Embora eu tivesse vagos pensamentos a respeito de uma vida menos convencional (seja lá o que isso significasse) como atriz, meu imaginário nunca buscou conscientemente a idéia de viver minha vida sem um parceiro.

Logo depois de me formar na escola de interpretação, fui para Nova York, onde fui morar no mais convencional dos apartamentos não-convencionais: um prédio de seis andares sem elevador e com água fria em Greenwich Village, infestado de baratas. Era perfeito! Quando a cena foi incrementada por meu encontro e envolvimento amoroso com um rapaz belga que parecia um ator de cinema, tinha sotaque francês e entendia de vinhos, percebi que finalmente estava brilhando na tela de minha vida.

Lamentei ter que sair do apartamento do Village – meu primeiro gostinho de independência –, mas a pressão da família e minha paixão por Lucien venceram minha resistência, e me preparei para casar. Até que, minutos antes da cerimônia, fui acometida por um ataque de indecisão e me recusei a prometer "obedecer".* Corri até a sala paroquial e pedi que o padre retirasse essa parte da cerimônia, mas ele se recusou e riu de meu pedido, dizendo: "Ah, simplesmente diga o que tem de dizer, mesmo que não seja verdadeiro". Insatisfeita, subi ao altar onde sonhei subir, onde minha mãe e minha avó haviam subido. Mas, em vez de me sentir feliz com uma união sagrada, lágrimas rolaram por meu rosto por ter de fazer um juramento (e me sujeitar à submissão nele implicada) que eu não conseguia tolerar, um juramento que minha mãe e minha avó haviam feito sem o menor problema. Para mim, significava que minha vida deixava de ser minha.

Minha reação foi um sintoma, uma pequena e prematura fenda em meu sonho perfeito de união. Eu havia imaginado o casamento como um mosaico de vidro colorido em um caleidoscópio – mas vire o caleidoscópio de cabeça para baixo e os pedacinhos de vidro caem num caos, antes de formar uma nova imagem. Senti que minha vida estava prestes a mudar, e um outro tipo de vida – "na alegria ou na tristeza" – traria muito mais desafios do que eu havia imaginado em meu sonho de união perfeita.

Meu casamento passou lentamente de fantasia a realidade desconcertante, mas o rompimento ficou mais tranqüilo graças a um convite profissional e a minha conseqüente mudança para Los Angeles para interpretar a Agente 99, no seriado de TV dos anos 60 *Agente 86*. Logo me apaixonei por meu colega Burt Nodella, produtor da série, com quem vivi pelos doze anos seguintes. Apesar de nosso relacionamento ter chegado a um impasse, ainda somos ótimos amigos até hoje.

Logo me apaixonei novamente (havia um padrão nisso), mas fiquei assustada quando, pela primeira vez em minha vida amo-

---

* Promessa que integra os votos tradicionais de casamento nos Estados Unidos, da parte da noiva. (N. do E.)

rosa, eu queria um relacionamento duradouro, enquanto meu parceiro procurava se esquivar do compromisso. Diversos amigos solteiros estavam vivendo aventuras parecidas. Geralmente os parceiros levavam para o relacionamento tantos traumas de infância, desastres amorosos anteriores e expectativas irrealistas que o romance ficava sobrecarregado. Alguns simplesmente decidiam adiar o compromisso para se concentrar na carreira; outros estavam explorando a opção de ser solteiros. Agora que viver sozinha havia se tornado uma realidade para mim, eu via isso como algo negativo, um intervalo solitário porém temporário entre parceiros. Não conseguia imaginar que essa pudesse se tornar uma condição permanente. Conforme os anos foram passando, fui forçada a ver a situação de outro modo. Há um velho ditado que diz: "Sabedoria é aceitar o óbvio".

O "óbvio" inclui um impressionante índice de divórcios. Atualmente existe um número enorme de pessoas vivendo sozinhas. Nós nos tornamos uma horda gigantesca! Quer sejamos vítimas de guerras emocionais, estejamos solteiras devido à morte do cônjuge ou por opção, pela primeira vez na história viver sozinha é um modo instituído de vida.

A primeira vez que pensei em escrever este livro foi em 1977, como um tipo de exercício terapêutico. Eu estava separada havia pouco tempo e assustada, com a auto-estima no chão. Uma mulher sem um homem não era, de certo modo, defeituosa? Algum dia eu estaria com alguém novamente? Estaria fadada a viver uma vida inadequada? Eu ficava constrangida pela pena que se revelava na pergunta "Já encontrou alguém?", como se minha vida amorosa fosse minha única vida. Mas, conforme fui gradualmente deixando de julgar a mim mesma por meu *status* amoroso e comecei a aproveitar o prazer de estar entre amigos e de ter interesses criativos, o futuro terrível que eu imaginara foi se transformando em um agradável presente. Comecei a aproveitar meu estado civil e a deixar antigas idéias de lado.

Porém tenho percebido, ao longo dos anos, que há um grande número de pessoas solteiras que consideram viver sozinhas apenas uma pausa até que seu "amor" apareça e uma existência real tenha início. Algumas sofrem pressões da sociedade para casar, ou têm a sensação de que estão fora do "ideal" sem a alegria do casamento, e muitas delas sofrem de solidão e nostalgia crônicas.

No entanto, viver sozinha não significa *estar* sozinha. Os solteiros formam uma enorme e vital fatia da sociedade.

Viver sozinha nem sempre é ideal – mas também o casamento nem sempre o é. A vida a dois é um território já explorado. Aqueles que decidem ser solteiros, por outro lado, são os desbravadores de um estilo de vida pioneiro, com poucos mapas, ciladas inesperadas e uma infinidade de aventuras. É aí que reside sua glória!

Admito que escrevo com parcialidade. Estive envolvida em dois relacionamentos sérios no intervalo de muitos anos e não me arrependo da experiência. Mas vivo sozinha há mais de duas décadas, e também não me arrependo nem um pouco.

O estilo de vida de quem vive sozinha merece nosso reconhecimento.

É uma oportunidade de pegar a matéria-prima do tempo e esculpi-la, como uma massinha de modelar. Podemos entrar em um rio de solidão ou convidar o mundo para estar conosco. Podemos criar, viajar, aprender (pessoas que vivem sozinhas poderiam formar uma elite intelectual!) e mudar de direção como peixes no mar; podemos descobrir quem somos e caminhar livremente rumo àquilo que pretendemos nos tornar.

Nossa felicidade está em nossas mãos.
Como um bebê que está aprendendo a andar, somos incentivadas a ter autonomia e a nos livrar da dependência sufocante. Mas o mais bonito nisso é que viver sozinha é um convite para nos relacionarmos livremente com outras pessoas. Eu seria uma tola se dissesse que existe algo mais adorável do que uma vida amorosa com parceiros totalmente dedicados, mas viver sozinha ganha longe em termos de florescimento pessoal e amizades gratificantes.

A questão não é viver sozinha – é viver uma vida completa.
Não estou defendendo nenhum modelo em particular, mas, ao compartilhar minhas experiências e as de amigos que gostam de viver sozinhos, espero incentivar outras pessoas solteiras a moldar a própria vida de maneiras que lhes sejam únicas. Meu objetivo não é demonstrar como "ir levando" até que o amor de sua vida apareça, mas destruir o estereótipo da solteirona solitária ou do solteirão excêntrico, para que consigamos aceitar que viver sozinho é um estilo de vida que oferece tanta realização (mas de um tipo diferente) quanto a vida em casal. Para algumas pessoas o casamento é para sempre; para o restante de nós, existe outra aventura.

Existem muitas maneiras de se sentir completa.

∞

Em uma história budista, um mestre zen pendura o discípulo na ponta de um abismo, preso a um fino galho – e pede que ele se solte. Se o discípulo for corajoso, ele vai se soltar, cair no abismo, "pousar em pé e nunca mais invadirá outra terra". Viver sozinha não é o que eu teria escolhido para mim. Mas, quando essa situação me escolheu, deixei de me segurar ao galho de expectativas e dependências (algo que eu fazia sem querer, na maior parte do tempo) e me arrisquei na queda assustadora. Pousei em pé e percebi que essa nova geografia era um presente. Apenas assim eu seria capaz de comandar minha vida e viver as aventuras e, sim, os encantos de viver sozinha.

O poeta francês Apollinaire captou o momento de modo extremamente sábio:

"Venham para a beirada."
"É muito alto."
"Venham para a beirada."
"Podemos cair."
"Venham para a beirada."
E eles foram
Ele os empurrou
E eles voaram!

1
Viver sozinha
(É difícil amar a liberdade)

O QUE VEM NÃO DEVE SER EVITADO,
O QUE VAI NÃO DEVE SER SEGUIDO.
— *Mestre Daibai*

É sábado de manhã em Manhattan. Acordei hoje em meu quarto decorado com papel de parede que dá de frente para o jardim dos vizinhos. A folhagem da primavera fica transparente sob o sol, pássaros gorjeiam confortáveis nos galhos; todo o resto está em silêncio. Depois de viver sozinha por vinte anos, ainda me encho de alegria com as bênçãos de minha doce solidão.

Mas nem sempre me senti assim.

Nós, criaturas complexas, temos talento para nutrir dois desejos opostos ao mesmo tempo. Apesar de viver pensando na idéia de encontrar um parceiro, eu gostava de imaginar viver de modo independente, escolhendo livremente os prazeres que gostaria de incluir e as intromissões que gostaria de excluir para que minha vida fosse boa. "Ser dona do meu nariz" tinha o poder de atração de um delicioso perfume.

Na infância, eu ficava deitada na cama à noite prestando atenção na respiração de meus pais, para saber quando já estavam adormecidos, e me desafiava a descer as escadas, destrancar a porta da frente e sentir a emoção de simplesmente permanecer sozinha sob o céu estrelado. A ousadia dessa liberdade era um bálsamo espiritual para uma menina impedida de fazer muitas coisas pelas restrições da infância. Mas eu ainda não era corajosa o bastante para me arriscar.

Em nossa propriedade havia, escondido da vista da casa principal, um velho curral para pôneis – infelizmente vazio – com o teto inclinado e gasto, no qual eu subia nas tardes de verão. Ao escapar para meu santuário em miniatura, eu expressava a necessidade de independência – algo difícil de vivenciar na agitação da vida em família –, enquanto, ao mesmo tempo, sentia segurança sabendo que meus pais estavam por perto. Continuei experimentando essa sensação ambígua ao longo dos anos de faculdade – apesar de invejar as meninas que tinham quarto individual, ficava aliviada por ter a companhia de minhas colegas de quarto.

Então, depois da formatura, quando eu estava prestes a ser independente de fato, me apaixonei por Lucien e nós nos casamos.

Apesar de, durante muitos anos, eu ter aproveitado com entusiasmo a vida a dois, sempre existiu aquele desejo latente de viver sozinha. Depois que nosso casamento terminou e durante meu segundo relacionamento, com Burt, certa vez propus a ele, em tom de brincadeira, que vivêssemos perto um do outro, porém em casas separadas. Eu adorava a idéia de ter um local onde eu pudesse me recolher no esplendor da solidão. Quando ele riu de minha fantasia e a recusou, não insisti, pois não havia nada do tipo naquela época. Entretanto, continuei fascinada pelo estilo de vida das mulheres solteiras que conhecia. Carla, uma estilista, vivia sozinha nas montanhas de Hollywood, em uma casa decorada com azulejos marroquinos que ela havia comprado em uma de suas aventuras no exterior. Ela viajava sozinha, mas raramente terminava a viagem sem companhia, sempre encontrando pessoas que a convidavam para suas casas ou, em alguns casos, para suas camas. E, apesar de Burt e eu lamentarmos a relutância de Carla em iniciar um relacionamento tradicional, eu tinha consciência de que ela parecia ser bem-sucedida em suas escolhas.

Conforme o tempo passou e nossa relação foi se desgastando, fomos forçados a concordar que não ter um relacionamento amoroso devia ser melhor do que ter um ruim, e me confortei com a idéia de explorar outra maneira de viver. Aos sábados, enquanto Burt velejava, eu procurava um apartamento pequeno que eu pudesse decorar com capricho, um esconderijo, como um jardim secreto para o qual só existisse uma chave. Cheguei até a reunir objetos: pratos de sobremesa com morangos pintados, uma manta felpuda, coisas que eu comprava e simplesmente deixava nas lojas para ser resgatadas em meu futuro de solteira.

Mas, quando o rompimento de fato ocorreu e nós nos separamos, não apenas formalmente, mas também fisicamente, com a distância de um continente entre nós, a liberdade com a qual eu alegremente sonhava se tornou sinistra e me assombrava à noite. Eu sonhava que estava em uma prisão escura e úmida e, de repente, as portas se abriam e eu me via livre. Depois de andar decidida por uma paisagem cheia de gelo, eu parava, dava meia-volta e caminhava de volta para a prisão.

É difícil amar a liberdade, eu descobri.

Longe da segurança de meu relacionamento e sem outra relação em vista, eu me sentia como um astronauta cujo elo com a nave espacial houvesse sido rompido e que estava fadado a vagar sozinho por um universo infinito. Eu não estava ligada a ninguém – e talvez nunca mais voltasse a estar.

Pouco depois de nosso rompimento, fui a Londres para uma apresentação na televisão, e a cidade contribuiu para aumentar minha tristeza. Numa tarde úmida, eu estava no táxi, indo para uma reunião, e decidi parar e ir caminhando. Ia dizer ao motorista: "Pode me deixar aqui, estou adiantada". Mas, em vez disso, eu disse: "Pode me deixar aqui, estou abandonada!" Eu estava precisando desesperadamente de direcionamento, de preferência na forma de um modelo, um exemplo, alguém que houvesse escalado a montanha da solidão e estivesse confortavelmente posicionado no cume. Será que essa pessoa existia? Alguém podia suportar com tranqüilidade o que eu estava vivendo com sofrimento?

Telefonei para minha relações-públicas e lhe contei uma mentira: disse que eu estava escrevendo um artigo para uma revista a respeito de mulheres que viviam sozinhas e felizes e queria saber se ela conhecia alguém com esse perfil. Surpreendentemente, ela respondeu que sim.

Uma semana mais tarde, encontrei-me com Pam em uma charmosa casa de chás inglesa, onde bebemos um excelente chá indiano e comemos bolinhos com creme. Ela parecia intrigada com algumas de minhas perguntas. Sim, ela considerava a vida de solteira uma maneira esplêndida de viver – precisava de muitos momentos de solidão para escrever seu livro.

"Você janta sozinha?", perguntei.

"Não, geralmente não. Como fico o dia todo sozinha, escrevendo, é sempre bom fazer uma refeição com um amigo."

Sua praticidade me chamou a atenção.

"Você viaja sozinha?" (Para testar minha coragem, eu vinha planejando longas viagens sozinha para lugares onde o idioma falado não fosse o inglês.)

"Já fiz isso, e é bom, mas acho mais divertido viajar na companhia de amigos."

Pam era divorciada e não tinha nenhum homem em sua vida, mas isso não a deixava nem um pouco preocupada. *Será que ela é de verdade?*, pensei.

"Você não sente falta de viver com um homem?", perguntei.

"Oh, pelo amor de Deus, não!", ela riu. "Cuidar dos homens é algo tão arraigado em mim que acabo em uma situação de servidão. Além disso", acrescentou sorrindo, "vivo tantos anos sem homem que é difícil até imaginar fazer tudo de novo."

"E quanto à... intimidade?", tentei.

"Ah, esse é um assunto pessoal demais para discutir, mas posso dizer que, obviamente, é algo importante", ela se inclinou e reforçou, "*muito* importante."

Antes que eu pudesse tentar saber mais sobre esse assunto interessante, Pam olhou para mim, bem de perto, e disse: "Você está em apuros, não está?"

Meu disfarce fora derrubado. Admiti tudo: o estado de solteira, a falta de preparo, a ansiedade, a tristeza. Ela foi simpática, mas com franqueza disse que eu parecia me referir à autonomia como um defeito.

Pam tornou-se minha primeira mentora, e sua maneira de ver a vida era libertadora: *Eu adoraria ter o prazer de uma companhia, mas, se ele não aparecer, deve existir outra maneira de encontrar realização.*

Tive vontade de beijá-la!

Outros mentores me mostrariam como viver sozinha não apenas com conforto, mas também com alegria. Ainda assim, eu não conseguiria chegar àquele estado de felicidade antes de enfrentar a solidão, o dragão mais temido de todos. Não aquela solidão comum, que todos nós experimentamos de vez em quando, mas o desolador "Ficarei sozinha para sempre".

Matando o dragão da solidão

(Acreditamos que exista algo essencial que não temos, mas que é alcançável. O que desejamos não existe, não em todos os lugares. A dor está na crença)

> TALVEZ TODOS OS DRAGÕES DE NOSSA VIDA SEJAM PRINCESAS QUE SÓ ESTÃO ESPERANDO QUE AJAMOS, APENAS UMA VEZ, COM BELEZA E CORAGEM.
> – Rainer Maria Rilke

A conexão entre os seres humanos é tudo. É a história toda, o sentido da vida. Sem ela, enfraquecemos. Não é de surpreender que o castigo mais cruel seja o confinamento isolado. A idéia da solidão já deixou muitos homens e muitas mulheres sem conseguir dormir à noite, e diversos outros presos a casamentos infelizes – e até mesmo solitários.

Quando eu era pequena, vivia com medo da solidão, daquelas horas sem minha mãe que se tornavam infinitas. Quando ela saía para trabalhar – com seu perfume forte e o consolo de sua voz –, pela escada de madeira que levava à rua, rumo a uma empresa fabricante de maionese onde era contadora, meu mundo parava e ficava cinzento como as manhãs nebulosas de Pittsburgh. Meu pai, um homem de negócios, viajava, minha irmã ia para a escola, e a pessoa que cuidava de mim, indiferente, estava sempre ocupada. Apenas minha mãe, quando voltava ao final da tarde, conseguia dissipar minha agonia.

As lembranças mais felizes que tenho, além de estar com minha mãe, são dos verões que eu passava com meus avós, que viviam em uma casa de madeira branca em uma rua tranqüila de Flint, Michigan. Meu avô acordava às quatro da manhã para ir para a fábrica de carros. Para minha avó, segunda-feira era dia de lavar roupa, e terça-feira, de passar. No verão havia reparos a fazer, e sempre havia pessoas que moravam de aluguel nos quartos do andar superior e precisavam de auxílio.

Algumas noites, minha tia René passava por ali e ficávamos sentadas na varanda, conversando e balançando no banco, enquanto meu avô molhava o gramado da frente. Em noites muito quentes, íamos, eu, ele e minha irmã, caminhando até a Saginaw Boulevard para comprar sorvete de massa para a família toda. Voltávamos no escuro, com os sorvetes pingando em nossos sapatos e o coração feliz.

Nenhuma foto pode transmitir a felicidade que eu sentia ao ficar sentada numa encosta com meu avô sob o céu coalhado de estrelas na Feira Estadual de Michigan, minha pequena mão presa na dele. Nos fins de semana, nos amontoávamos em seu velho Ford e íamos para a casa do tio Henry, em um lago perto de Howell, onde nadávamos na água aquecida pelo sol ou remávamos um barco com pesados remos. No rancho, tia Louise (que tinha uma impressionante cicatriz no pescoço, resultado de uma cirurgia decorrente de bócio) fazia tortas de maçã.

∽

Aqueles verões com meus parentes do Michigan, que pareciam tão certos e seguros, criaram expectativas em minha mente a respeito de como poderiam e deveriam ser meus relacionamentos humanos no futuro. Mais tarde, quando viajei para a Itália e para a Grécia, essas lembranças voltaram de maneira nostálgica enquanto eu observava a simples familiaridade entre os moradores das vilas, reunidos na praça da cidade. Como se estivessem seguros em um algum tipo de proteção, avós, pais, filhos e namorados nem prestavam atenção no esplendor da companhia que se faziam. Mas, nos Estados Unidos, a união segura das famílias vinha sendo tristemente deteriorada.

Quando saí de casa, me protegi na segurança dos colegas de quarto, namorados e, depois, do casamento. Mas, quando terminei meu segundo relacionamento e estava – pela primeira vez na vida – sem apoio emocional, a imagem de mim mesma como uma angustiada menininha de 5 anos voltou sem aviso prévio, como um demônio que trazia presságios de uma vida abandonada. Procurei a ajuda de uma amiga a quem embaraçosamente me lembrava de ter dado sábios conselhos quando ela estava sofrendo de solidão depois de um divórcio. Naquela época, eu ainda me encontrava segura em um relacionamento e sorria condescendente ao vê-la chorar, perplexa por ela não conseguir enxergar as opções de vida que se descortinavam diante de sua liberdade recém-adquirida. Quando pedi sua ajuda, passei a compreender a dor que ela sentira. Telefonei para me abrir, mas, quando ela me disse que estava feliz em um novo relacionamento, fiquei envergonhada demais para admitir que nossa situação havia se invertido. Desliguei me sentindo abandonada e incapaz de me lembrar dos conselhos que despreocupadamente oferecera no passado. Eu estava sozinha, perdidamente triste, desesperadamente solitária. Afundei num lamaçal de sentimentos de abandono que estavam à espreita desde minha infância, e fiquei envergonhada por sentir tamanho vazio, sendo uma adulta desenvolvida.

Assim, saí de Los Angeles e voltei para Manhattan, depois de doze anos de ausência. Mas a salvação que pensei que encontraria entre velhos amigos era uma ilusão. A vida de todos nós havia mudado, nós havíamos mudado – não tínhamos mais interesses em comum, alguns já haviam saído da cidade, outros estavam preocupados com a carreira. Eles foram cordiais, mas eu estava procurando um remédio mais forte.

Sentindo-me fracassada, estava determinada a dominar a arte de viver sozinha e tentei a abordagem camicase. Bani rigorosamente o rádio e a televisão, com seu efeito anestésico, e uma vez tentei suprimir as pessoas de meus pensamentos por dias seguidos. Cultivei a solidão de propósito e, como um desbravador de matas que toma veneno de cobra para se imunizar contra picadas, criei um soro de isolamento para aumentar minha imunidade ao abandono. Nessa câmara de privação pessoal, tentei brigar com a solidão, agarrá-la, aplicar-lhe uma chave de braço e jogá-la ao chão. Se Thoreau* conseguira, eu também conseguiria!

Bem, não consegui. Pelo menos não desse jeito. (E quem sabe quanta solidão Thoreau realmente enfrentou? Até mesmo esse nosso modelo de independência aparentemente saía do lago Walden quase todos os dias para jantar com a mãe ou com Emerson.**) Lembro que, na infância, não tolerava escutar a música interiorana triste, originária da Virgínia Ocidental, que tocava no rádio. A letra de uma delas, sobre um caubói perdido no deserto, trazia o lamento: "O dia todo caminho pela areia, sem nenhum sinal de água..." Naquele momento, eu atravessava o deserto sem um único oásis à vista.

---

* Henry David Thoreau (1817-1862), escritor norte-americano que se isolou da sociedade e foi viver num casebre à beira do lago Walden, durante dois anos. (N. da T.)
** Ralph Waldo Emerson (1803-1882), escritor e poeta norte-americano, amigo e uma das grandes influências de Thoreau. (N. do E.)

Um pouco de alívio veio quando fui almoçar com Leo, um amigo mais velho e muito sábio. Quando confessei minha solidão, ele alegremente sugeriu maneiras de ter contato com pessoas que talvez eu tenha ignorado. Por exemplo, por que eu não passava a ver a atendente da lavanderia ou do mercado como companhias de viagem que podiam povoar meu deserto?

"Porque há algo faltando", expliquei. "Elas são desconhecidas, não há profundidade em nossos encontros. Quando estamos com uma pessoa amada, nos sentimos seguros, vivos, protegidos – como eu me sentia, na infância, com minha mãe e meu avô."

"*Mas você não é mais criança e não tem as necessidades de uma criança*", ele disse, sem o menor sinal de reprovação. "A criança se sente em perigo quando está sozinha porque é indefesa, mas o adulto tem acesso a qualquer necessidade imaginável: alimento, remédios, companhia. Tudo que o adulto tem de fazer é pegar o telefone e ligar para o médico, ou dirigir até o mercado, ou encontrar um amigo para tomar café."

Fiquei surpresa com esse comentário e o digeri por um momento, antes de continuar resistindo. "Mesmo assim, encontros casuais não me dão aquela conexão 'essencial' que um relacionamento íntimo pode dar."

"Por que não?"

Aquilo me deteve. Pela primeira vez, percebi que eu nunca havia pensado em dar tamanha importância às pessoas que não eram "fixas" em minha vida. Em minha obsessão pela intimidade, eu não havia prestado muita atenção no restante do mundo.

"Você está colocando nas costas de uma ou duas pessoas toda a mágica que quer ter em seus relacionamentos. O que a impede de encontrar essa mágica em todas as pessoas que conhece? Ou, melhor ainda", ele disse sorrindo, "de desistir completamente dessa idéia de mágica [uma perspectiva assustadora!] e simplesmente passar a enxergar que o mundo está repleto de pessoas especiais com as quais você pode se relacionar – *de diversas maneiras.*"

"Mas e quanto a essa dor?" Coloquei a mão dramaticamente sobre o coração. "Esse anseio que só pode ser aliviado com um envolvimento profundo?"

Ele olhou para mim de modo compreensivo. "*Você acredita que existe algo essencial que você não tem e que é alcançável. O que você deseja não existe, não em todos os lugares. A dor está na crença.*"

Percebi que estava procurando o remédio perfeito em uma pessoa idealizada.

Depois ele me perguntou se eu conhecia a história zen, contada por D. T. Suzuki, sobre um homem que está morrendo de sede no meio de um rio.

∽

Gradualmente – *muito* gradualmente –, comecei a me concentrar nas pessoas que eu encontrava ao longo do dia e a tentar acreditar que elas podiam representar conexões importantes. Devido ao fluxo intenso de pessoas em Manhattan, costumamos nos fechar nas ruas ou no metrô, nos retrair e evitar conversas com desconhecidos. Mas cada quatro quarteirões da cidade formam uma vila, com vizinhos conhecidos, e comecei a perceber quantas pessoas eu via todos os dias – porteiros, entregadores, carteiros, pessoas passeando com o cachorro – e com as quais nunca conversava, uma multidão de pessoas, suficiente para saciar a sede de interação de qualquer um. Comecei treinando, fazendo contato visual. Muitos não retribuíam meu olhar, alguns olhavam além de mim, mas havia outros que me cumprimentavam com um aceno de cabeça ou um sorriso, e, de vez em quando, acontecia uma conexão instantânea tão alegre que fazia com que eu me sentisse bem por horas. Fiquei surpresa ao perceber como até mesmo os encontros mais breves podem ser calorosos.

∽

Mary Burton é a gerente do banco perto da minha casa. Durante meses a observei atendendo clientes pacientemente, às vezes os bajulando, com sua risada alta se destacando no burburinho dentro da agência bancária. Quando uma funcionária teve o dedo decepado pela porta do cofre-forte, foi Mary quem levou a mulher – e seu dedo – ao pronto-socorro, e foi ela quem ajudou outro funcionário que sofreu um derrame, o visitou todos os dias no hospital e, posteriormente, em casa. Às três horas da tarde ela costumava estar em pé, segurando as chaves, conversando com algum cliente antes de trancar a porta do banco.

Um dia, depois de concluir uma transação bancária, perguntei se ela gostaria de almoçar comigo no café do Museu Whitney. Tomando um *cappuccino*, a escutei contar sobre sua infância – o fato de ter se criado praticamente sozinha –, tão comovente quanto um melodrama. Também fiquei sabendo sobre o eletrizante assalto ao banco, durante o qual ela ficou encolhida sob a mesa sussurrando para a polícia, ao telefone, o que estava ocorrendo. Ao escutar o que ela tinha a dizer, ao escutá-la *de verdade*, ouvi algo além de suas palavras – ouvi a própria Mary, seu *ser* real, com todas as cores, camadas e texturas, ressoar por meio de suas histórias. Percebi que, quando me propunha a simplesmente escutar – a *receber* o que ela dizia –, era impossível me sentir sozinha.

A sra. Scully, uma mulher mais velha que eu via encher baldes de água para regar os canteiros da rua, me falava com entusiasmo sobre cada uma das árvores, incluindo o diagnóstico da doença que devorava minha ginkgo biloba. Sempre a via comendo sozinha num café que eu freqüentava, próximo de minha casa, e comecei a parar alguns minutos para bater papo.

Nossas conversas aparentemente superficiais, sobre as árvores ou sobre a associação de bairro, eram maneiras pelas quais a necessidade que ela sentia de ter contato com pessoas – algo de que eu também necessitava – podia ser saciada. Quando fiquei semanas sem encontrá-la, fui perguntar a respeito dela no prédio onde morava e fiquei triste ao saber que havia morrido repentinamente. A vizinhança ficou mais vazia sem ela – assim como eu fiquei.

Meus encontros com essas mulheres não eram profundamente íntimos, *mas tinham um toque delicado de humanidade que era reconfortante*. Há uma história sufista a respeito de um homem que diz: "Mestre, descobri a resposta! Bata e a porta se abrirá a você!" O mestre responde: "E quem disse que a porta estava fechada?" O calor humano sempre estivera à minha disposição, e eu simplesmente ignorara a porta aberta. Graças a Leo, eu estava começando a *notar a variedade de contato humano disponível, em vez de me preocupar com o que estava faltando*.

∽

Depois disso, veio a questão dos amigos. Eu havia me tornado passiva ao longo de meus anos de casamento. Meu parceiro era o centro de minha vida social, e todas as outras pessoas eram menos importantes. Como as amizades costumam florescer se as cultivamos e murchar se as abandonamos, eu estava diante de um jardim melancólico, que precisava muito de cuidados. Ironicamente, naquele momento, em que eu mais precisava da presença das pessoas, tinha menos habilidade e força interior para consertar a situação.

Comecei a pensar em relacionamentos que eu havia deixado de valorizar. Sentindo-me culpada, fiz uma lista de amigos que eu havia deixado de lado. É verdade que eles também haviam me deixado de lado, mas estavam todos envolvidos com suas famílias e tinham mais justificativas do que eu. Reaproximar amigos que estavam esquecidos não seria fácil. Eles foram receptivos, porém tinham a vida agitada, e levaria algum tempo até que se acostumassem a me incluir em suas rotinas. Eu ainda me encontrava sozinha em longos e desconfortáveis períodos.

Os dias mais terríveis desses primeiros meses foram os feriados, quando a maioria das pessoas que eu conhecia tinha compromissos familiares. Eu ainda não havia aprendido a *planejar com antecedência os feriados emocionalmente difíceis, como o Natal*. Eu percebia o silêncio aterrorizante em meu bairro e imaginava, com inveja, o mundo todo numa celebração que me excluía.

Mas, apesar de estar flertando com a autocomiseração, havia, bem debaixo do meu nariz, uma pasta recheada de cartas não respondidas, que datavam – fico arrasada ao admitir – de sete anos antes. As pessoas *haviam* me procurado e, apesar de eu me importar com elas de verdade, havia permitido que minha inibição de escrever cartas me impedisse de responder. Conforme o tempo passou, essa negligência começou a parecer imperdoável, e as cartas sem resposta se acumulavam de modo acusatório sobre minha mesa.

Uma a uma comecei a respondê-las, ciente de que, *enquanto eu escrevia cartas para amigos abandonados, sensações de meu próprio abandono iam sumindo*. Recebi respostas de perdão. Eu estava expandindo as barreiras de meu mundo social e, ao mesmo tempo, aprendendo que poderia manter uma relação reconfortante mesmo com amigos que estavam longe ou com quem havia muito eu não tinha contato.

Minha amiga Karen aproveita a vida de solteira após dezesseis anos de casamento. "No começo eu me sentia um pouco solitária, mas nem perto da solidão que sentia com meu indiferente marido. Acredite quando digo que não existe solidão pior que aquela que se experimenta quando se tem um cônjuge emocionalmente distante. Eu estava presa em uma sensação constante de abandono e me sentia impotente para mudá-la. Agora, se me sinto sozinha, posso *fazer* algo a respeito – escolher a companhia de amigos que fazem com que eu me sinta bem-vinda. A princípio foi difícil. Sempre fui uma mulher muito voltada para os homens, e não dava valor à amizade com mulheres ou com homens com os quais não mantivesse relações amorosas. Tive de aprender a *ser* amiga, a fazer com que a amizade florescesse e a cultivá-la. Foi difícil. Mas não é engraçado como nos ensinam a batalhar pelo casamento, mas não nos incentivam a aprender a ficar sozinhas? E é preciso aprender a fazer isso, principalmente em nossa sociedade em constante mudança."

∽

Karen tem razão – foi preciso aprender. Depois de meses de tentativas, sentindo-me particularmente vulnerável e, para falar a verdade, exausta pelo esforço de evitar a solidão, convidei Leo para almoçar.

"Por que", lamentei, "assim que consegui organizar minha vida social, ela desmoronou? Molly mudou para o Canadá, Lenora foi viajar, Steve desapareceu depois de casar, Marvin está em depressão e Marianne só pensa em trabalhar, sem contar que todo mundo viaja em agosto. Parece que estou construindo castelos de areia que não param de ser derrubados pelas ondas do mar." Leo parecia se divertir.

"Preciso de mais areia", concluí.

Reclamei com Leo, dizendo que eu parecia ser a única pessoa tomando todas as iniciativas, fazendo convites e entretendo os outros. Todos esperavam que eu organizasse o evento seguinte. Leo compreendeu minha frustração por sempre ser a "executora", mas me ajudou a perceber que, se eu conseguisse aceitar esse papel sem ressentimentos, ficaria mais forte. Pelo menos eu saberia que estava tornando possíveis as eventuais recompensas.

∽

Houve muitos trancos no caminho. As pessoas cancelavam nossos encontros no último minuto, ou eu esquecia de planejar os feriados com antecedência e ficava presa em minha solidão. Eu geralmente sucumbia ao tédio e assumia uma passividade terrível, que prejudicava qualquer ação.

Apesar desses contratempos, naquele inverno agendei jantares mensais à luz de velas (eu comprava comida chinesa; cozinhar não é comigo) com duas amigas, nos quais compartilhávamos nossas poesias preferidas, e organizei noites musicais periódicas para que eu e meus amigos pudéssemos cantar juntos e nos divertir. Fui a anfitriã de um grupo de apoio que ainda se reúne a cada seis semanas para analisar o progresso de cada um e de um grupo de redação mensal, no qual dividimos nossos projetos. Lutei para atrair amigos ou possíveis amigos para minha vida. Fiz *muitos* esforços e, por fim, consegui que amigos aparecessem e trouxessem conhecidos. Pouco a pouco, meus dias foram sendo tomados por amigos e colegas, além de eventos artísticos e colaborativos.

∽

No entanto, eu ainda tinha de me preparar para as inevitáveis noites de solidão, por isso criei uma lista de atividades para fazer sozinha: palestras, *shows*, exposições, cinema. A princípio eu ficava um pouco constrangida por estar sozinha e tendia a ler o programa, em vez de fazer contato visual com tantos estranhos. Mas, conforme fui praticando observar o grupo e aproveitar as brechas para puxar papo – por exemplo, com alguém que estivesse a meu lado durante um evento, ou na fila para comprar café nos intervalos –, descobri que não éramos tão estranhos assim: estávamos conectados por nosso interesse comum pelo evento. Em algumas noites eu me sentia à vontade com as pessoas que conhecia nesses eventos (com ou sem conversar); em outras ainda me sentia como uma órfã, mas persisti, tendo fé de que em algum momento tudo aquilo compensaria. E compensou.

Após uma longa luta, eu finalmente estava vencendo a batalha contra o dragão da solidão. Comecei a me sentir integrada ao mundo – mais do que quando era casada – e me senti abençoada pelo fato de a experiência de viver sozinha me oferecer um desafio tão enriquecedor.

Uma noite, eu estava no Carnegie Hall escutando Alfred Brendel tocar Beethoven e imaginei nosso planeta Terra suspenso na vastidão do universo. Pensei: *Aqui estamos nós, uma multidão de seres humanos reunidos para apreciar a beleza da música. É como se o coração de todos nós estivesse ligado por laços invisíveis ao coração do artista, e juntos formássemos um enorme coração.*

Deitada na cama aquela noite, me senti ligada a muitas outras pessoas no mundo por aqueles mesmos laços invisíveis. O "deserto" estava sendo destruído – inundado pela água que vinha do rio no qual eu ficara o tempo todo.

Paradoxalmente, agora que eu sentia que o mundo estava conectado a mim, comecei a curtir meus dias de solidão. Estava na hora de mergulhar mais fundo na aventura, mas antes eu precisava cuidar de alguns assuntos práticos.

> Lembre-se de que estar sozinha
> não é o mesmo que estar abandonada.
> O mundo continua existindo.

- *Perceba o potencial de conforto do mundo como um todo.* Não seja tímida. Todos nós temos algo em comum, mesmo que seja apenas o clima. Converse com vendedores e vizinhos, com pessoas em *shows*, *shoppings* ou em museus. Pratique a coragem puxando papo. Entregadores, funcionários de bancos e porteiros são fontes em potencial de encontros fugazes, porém significativos. Pratique *prestar atenção* de verdade nessas pessoas, *escutá-las*, *reagir* a elas, e receba com gratidão o conforto humano que elas podem oferecer.

- *Identifique restaurantes e cafés onde você se sinta à vontade comendo sozinha.* Se você se sente mal jantando sozinha, volte com freqüência a seus restaurantes favoritos — a familiaridade com aqueles que a atendem e com outros freqüentadores deve superar essa estranheza. A princípio pode parecer mais confortável levar consigo um livro, um jornal ou um caderno com o qual possa se ocupar, mas logo você vai querer se abrir para conversas com os funcionários ou talvez com outros clientes. Os melhores assuntos costumam ser aqueles universais, como as notícias, a comida e as mudanças que você possa perceber nas redondezas.

- *Faça uma lista de "recursos humanos".* Ela pode incluir familiares, confidentes, colegas com os quais você costuma falar ao telefone, contatos passageiros e amigos em potencial. Deixe essa lista em um lugar visível e consulte-a com freqüência, para saber se está atualizada e se você está mantendo contato com as pessoas relacionadas. Se faz tempo que você não recebe notícias de um amigo, não pense que ele esqueceu você — provavelmente isso não tem nada a ver com você. Pegue o telefone e deixe uma mensagem dizendo que tem pensado nele. Certifique-se de ter vários amigos e de estar aberta a novas amizades. Isso será uma garantia para impedir que sua vida social seja prejudicada quando alguém se afastar ou que você dependa demais de um só indivíduo.

- *Seja a executora.* Seja a pessoa a tomar a iniciativa para jantar ou almoçar com os amigos, em casa ou em restaurantes. Fique atenta aos eventos dos quais vocês podem participar juntos: esportes, cinema, teatro, *shows*, festas. Esteja disposta a dar os telefonemas, comprar os ingressos e reunir informações sobre transporte. Realize uma reunião mensal para compartilhar algum interesse em comum: livros, filmes, música. Assuma o papel de "executora" – essa é a melhor maneira de formar um bom círculo social.

- *Cultive o hábito de escrever* e-mails *e cartas.* Essa é uma maneira casual e cômoda de aprofundar amizades ou de desenvolver novos relacionamentos e pode se tornar uma fonte diária de diversão e gratificação imediata. Tente responder as mensagens rapidamente para incentivar a troca. (Para tornar esse processo mais fácil, você pode separar uma gaveta para envelopes, canetas e papéis.) Perceba o prazer de se comunicar com aqueles que estão distantes, dividindo interesses e fatos de sua vida.

- *Identifique atividades que façam com que você se envolva na comunidade e faça parte dela.* Leia o jornal ou as notícias da Internet toda semana para saber os eventos de sua região. É a sua comunidade e você deve fazer parte dela. Pode ser que haja reuniões de moradores, associações de bairro e sociedades históricas, além de exposições de fotografia e de arte, apresentações de bandas locais ou de grupos teatrais da comunidade, que expressem a energia e o talento dos vizinhos. Ingresse num grupo da igreja ou de esportes, numa aula de artesanato ou de culinária, num grupo de coral ou de literatura. Ao comparecer e demonstrar interesse, você participa de sua comunidade de um modo que pode levá-la a ter maior envolvimento com as pessoas no futuro. Verifique se os grupos de ajuda, abrigos de moradores de rua, hospitais, igrejas ou escolas precisam de voluntários. Nada é mais reconfortante do que procurar maneiras de confortar outras pessoas.

- *Proteja-se nos feriados e no período de festas.* Os feriados não são o momento certo para ser durona. Não importa se sua vida de solteira tem sido boa, os períodos de festas podem ser tempos difíceis se você não se preparar para eles. Tente estar com familiares, amigos ou em eventos sociais, mesmo que ache que vão ser chatos – tédio é melhor que tristeza. Viajar em grupo também pode ser uma boa maneira de passar os feriados. Se tudo der errado, vá a algum evento público ou trabalhe como voluntária em um abrigo para moradores de rua.

- *Matricule-se em um curso de extensão universitária.* Nossa mente gosta de desafios intelectuais, e vivendo sozinhas temos tempo para enfrentá-los. Muitas universidades oferecem cursos de extensão, geralmente à noite. Telefone para esses lugares ou visite seu *site* para saber a programação e se matricule, sozinha ou com um amigo ou amiga. Escolha propostas que a desafiem para o resto da vida, em áreas como música, arte, redação ou literatura. É uma ótima maneira de se abrir para novos interesses, ou aprofundar os antigos, e uma oportunidade de conhecer pessoas com interesses compatíveis com os seus.

- *Matricule-se na academia, na aula de ioga ou de dança.* Aquelas pessoas que se sentem muito cansadas à noite para participar de atividades intensas, sociais ou intelectuais, podem se matricular em uma academia para aliviar um pouco da tensão do dia na companhia de outras pessoas. Os aspectos meditativos da ioga podem aumentar a dimensão espiritual de sua vida, e uma aula de dança de salão oferece a alegria de movimentar-se com a música e com outras pessoas.

- *Pare de acreditar que o casamento é a solução para a solidão.* É mais fácil conseguir isso se você já esteve em um casamento falido e conhece a dor do desprezo diário. É perigoso ficar com alguém apenas para escapar da solidão. É melhor resolver essa questão sozinha, para que ela não atrapalhe relacionamentos futuros. Crie um ambiente em que você receba apoio daqueles que estão à sua volta e também de si mesma, e que possa protegê-la e impedir o início de relações inadequadas, que tenham base apenas na necessidade.

- *Abandone a idéia de que outra pessoa pode tornar sua vida maravilhosa.* Sua felicidade está em suas mãos, e esse é o lugar mais seguro para ela.

3
Afastando pensamentos negativos

(Cada uma de nós tem um nível de tolerância à solidão, que é importante reconhecer para evitar sofrimentos)

> A MENTE É SEU PRÓPRIO LUGAR, E EM SI MESMA PODE TRANSFORMAR O CÉU EM INFERNO E O INFERNO EM CÉU.
> – *John Milton*

Nas primeiras semanas vivendo sozinha – passando um tempo comigo mesma, ao qual eu não estava acostumada, destituída de um romance –, me entristeci e passei a ser atormentada por pensamentos negativos. O espelho do banheiro se tornou a tela na qual eu me apresentava em meu próprio filme de terror. Todas as falhas, não percebidas à luz segura de um relacionamento, se tornaram maiores na solidão. Santo Deus! Como foi que aquele pequeno pé-de-galinha se transformou no Grand Canyon? Eu me aproximava do espelho para escovar os dentes e levava um susto. Tudo piorou quando, certa noite, vi um anúncio de cosméticos em uma revista feminina. Uma famosa modelo estava deitada lindamente em um divã e as legendas diziam: "Você também pode ser *sexy*. Mesmo depois dos trinta". Eu estava vivendo sozinha havia pouco tempo, porém me encontrava havia muito "depois dos trinta".

O pensamento negativo nunca me atrapalhava quando eu estava trabalhando ou na companhia de amigos, mas, depois de muitas horas sozinha, eu era bombardeada por eles. Fiquei surpresa ao perceber que *existe um nível de tolerância à solidão, que é importante reconhecer para evitar uma onda de tristeza.* Aprendi a honrá-la ou a ignorá-la, por minha conta e risco. Eu conseguia caminhar bem em solidão, e então, como um personagem de desenho animado que passeia pelo ar sem perceber que não há chão embaixo dele, até olhar para baixo, de repente me via caindo em profunda melancolia.

O problema era piorado pela idéia de que, *sem um homem, eu havia falhado em meu papel de mulher.* Eu havia aprendido esse conceito com minha mãe (ela não precisou ensiná-lo, pois o vivia). Eu respirava esse conceito – como muitas ainda o respiram –, tão imperceptível e letal como gás tóxico.

Quando descobri o pensamento sombrio, comecei a praticar o "negativismo criativo" e me tornei muito boa nisso. Certa noite, fui sozinha a um restaurante, me sentei e estava prestes a ler o cardápio quando vi um casal do outro lado do salão. Eles estavam de mãos dadas sobre a mesa e trocavam olhares apaixonados. A nostalgia tomou conta de mim. Eles personificavam o amor perfeito, o grande prêmio! Aquilo que eu não tinha! Não importava o fato de eu já ter sido, algumas vezes, uma das metades de um casal apaixonado, e de que a paixão que eu demonstrara então estava em proporção inversa à longevidade do relacionamento. Instantaneamente me senti de volta à época da escola.

Pensei em Betty Ann Rankin – que me vencera na competição para ser líder da equipe de torcida – sob as luzes do estádio de futebol americano numa noite fria de setembro, no jogo da final contra o colégio Baldwin High. Dançando no intervalo diante da torcida animada, ela exibia as pernas perfeitas e os seios fartos enquanto trocava olhares secretos com o jogador da defesa, Charlie Benton, o rapaz que havia roubado meu coração, mas que era namorado de Betty. Eu os observava com inveja, tremendo de frio enquanto segurava um cachorro-quente e uma Coca-Cola sem gelo.

Desenterrei essa lembrança (algum dia conseguimos nos recuperar da época da escola?) no instante em que observei aquele casal apaixonado no restaurante. Fui para casa tomada de carência e insegurança.

Até que chegou a insônia, às três da manhã, enquanto eu me remoía pensando em meus relacionamentos fracassados e na ameaça de ficar sozinha para sempre. No mundo todo, pensei, as pessoas estão unidas em vidas felizes de casal, enquanto a minha é tomada pela destruição. Outra tortura era relacionar meus pensamentos ao medo da morte, com sua capa sombria e barulhentas correntes de eternidade.

Eu precisava enxergar a mim mesma e minha situação de modo diferente.

Mas velhos hábitos demoram a ser mudados. Certa vez, li sobre um grupo de engenheiros que foi a uma parte remota da África para ensinar aos agricultores como montar canos para irrigação. Primeiro estes assistiram a um filme demonstrativo, depois tiveram de responder perguntas a respeito do que haviam compreendido.

"O que vocês viram no filme?", perguntaram a eles.

Todos responderam: "As galinhas. Vimos as galinhas".

"Galinhas? Que galinhas?!" Os engenheiros ficaram intrigados e rebobinaram a fita para ver a que os lavradores se referiam. Durante o filme, era possível ver galinhas correndo em um monte distante. Os agricultores haviam simplesmente se concentrado no que estavam acostumados a ver.

Se eu estava insistindo em me estigmatizar por viver sozinha, então eu ainda estava vendo galinhas!

Ajudou bastante consultar um terapeuta, para descobrir que, entre outras coisas, eu resistia a me tornar responsável por mim mesma. *A dependência era um doce delicioso, mas viciava e fazia com que eu me sentisse insegura sem ela. Eu tinha de abrir mão dela e sentir a dor dessa perda.* Apenas depois disso, como uma cuidadosa "mãe de mim mesma", eu teria compaixão por mim e começaria a crescer.

∽

Compreender as origens de meu negativismo foi apenas o primeiro passo. Todos os dias eu tinha de reunir forças para lutar contra os pensamentos negativos e tentar substituí-los por uma visão positiva de mim mesma. Mas algumas vezes a ferramenta certa simplesmente cai do céu. Uma noite, eu estava organizando minhas estantes de livros e encontrei uma cópia, cheia de trechos grifados, dos diálogos do mestre indiano J. Krishnamurti. Abri o livro em uma página qualquer e li um trecho que eu havia grifado três vezes. Ele estava tentando convencer um homem a parar de ver o mundo de modo negativo. O homem protestou: "Mas como posso fazer isso? Eu tive uma infância..." Krishnamurti o interrompeu e disse: "Senhor, simplesmente pare!" Ri alto ao ler aquilo, escrevi a frase em um pedaço de papel e o grudei no espelho. A partir daí, sempre que eu me ameaçava com um pensamento negativo, dava a ordem: "Simplesmente pare!" Quando funcionou, eu me senti como um goleiro defendendo-me das bolas de negativismo. Foi um jogo complicado, mas melhorei bastante nessa defesa.

Depois que conseguimos *neutralizar nosso arsenal pessoal de negativismo*, o que podemos fazer a respeito do sistema de classificação da sociedade, que nos dá uma estrela dourada quando somos casadas e pontos negativos quando somos solteiras?

Fracassamos se não temos um parceiro? Ficaremos abandonadas se não tivermos filhos ou um companheiro? Existe salvação para o romance? Ficamos realmente indesejáveis depois de certa idade? (Já percebi que algumas culturas consideram homens e mulheres atraentes independentemente da idade, das medidas ou do estado civil. Fiquei mais animada quando conheci Pam, minha primeira mentora, que, vivendo sozinha em Londres com 50 e poucos anos – e nada esbelta –, era repleta de auto-respeito e muito admirada por seus amigos como uma mulher atraente e francamente sensual.) Apesar de essas idéias terem se provado errôneas na prática, continuam latentes sob a retórica do "esclarecido", esperando para exercer sua influência negativa.

Não existe uma estrada "certa", mas um mapa de possibilidades que somos livres para explorar em diversos sentidos. Nosso desafio é *assumir uma posição contra atitudes ultrapassadas. Se consideramos nosso estado de solteiras inferior ao das casadas, então o problema está em nós mesmas.* E, quando olhamos para o espelho e não gostamos de nossa imagem, é útil compreender que *nós* estamos reforçando as mensagens distorcidas da sociedade sempre que nos vemos como uma idade ou um corpo, e não como uma *pessoa*.

Todos temos um armário repleto de pensamentos negativos, que podemos pegar ou largar quando quisermos. E isso *é* uma escolha, a partir do momento em que analisamos suas origens e deixamos de lhes dar crédito. O segredo é "simplesmente parar" a ação deles e pensar com mais gentileza sobre nós mesmas.

Reconheça sua responsabilidade de afastar os pensamentos negativos.

- *Tente compreender as causas escondidas de seu ataque mental a si mesma.* Isso pode ser feito com um terapeuta, um amigo ou por meio de auto-análise, escrevendo em um diário. A perda de um relacionamento seguro pode desencadear o negativismo que esteve adormecido durante anos. É importante descobrir as origens dele – talvez a infância – para diminuir sua força na vida adulta. Para evitar reforçar os pensamentos negativos, tente "simplesmente pará-los" quando eles surgirem para perturbá-la. A meditação é um método excelente para isso. Voltando a atenção para sua respiração ou para um objeto, você pode começar a afastar pensamentos ruins conforme eles aparecem. Outro exercício é praticar analisar cada pensamento negativo de pontos de vista diferentes e listar diversas maneiras de observá-lo. Por exemplo, se você começa a ficar obcecada pela idéia de que está sendo rejeitada, faça uma lista das pessoas que gostam de você e a aceitam.

- *Questione o preconceito cultural que vê o casamento como o único caminho para a felicidade.* Observe o mundo com outros olhos para determinar o que realmente a levará a uma vida gratificante. Pense em exemplos que provem que as velhas idéias sobre viver sozinha estão erradas. Por exemplo, faça uma lista de pessoas que você conhece que gostam de viver sozinhas, aquelas que escolheram viver assim, cuja vida é feliz sem a legitimação de um parceiro e que não têm cônjuge nem filhos e ainda assim se sentem seguras. Tente viver longe dos preconceitos culturais, como se morasse em um país estrangeiro, adotando valores mais sábios. Esteja consciente das mensagens negativas e recuse se sujeitar a elas.

- *Não dependa de um parceiro para ter auto-estima.* Nunca abra mão de seu valor por alguém. Se você já esteve em uma relação de dependência, pode ter uma tendência maior a isso. É importante desacostumar-se a receber a aprovação de outra pessoa. Cerque-se de fontes de validação: amigos, seu trabalho, seu talento. Por exemplo, lembre-se de suas conquistas – projetos bem-sucedidos, contribuições comunitárias, amizades conquistadas. Dominar uma habilidade ou um esporte também é uma boa maneira de desenvolver seu senso de autonomia, realização e auto-estima, coisas essenciais para viver sozinha e feliz. Concentre-se em suas conquistas, não em suas falhas.

- *Evite criticar seu corpo ou ver o envelhecimento como uma vergonha.* Sempre que faz isso, você perpetua as distorções da sociedade. Tente perceber que você é certa como é. Você não é uma idade nem um corpo, e sim uma *pessoa*. Não aceite propagandas que promovem produtos à custa de sua auto-estima, ou filmes que apresentam uma visão idealizada do que é digno de ser amado. Perceba as pessoas que não têm o corpo perfeito, ou que não são mais tão jovens, e que ainda assim conseguem fazer com que o mundo se renda a seu valor e a sua sensualidade.

- *Torne-se sua melhor aliada, não sua pior inimiga.* Intervenha como um bom amigo faria se começar a ter pensamentos negativos sobre si mesma ou sobre sua situação. Não acredite em suas auto-avaliações negativas. Lembre-se de que você já se avaliou positivamente em circunstâncias diferentes – reavive essas atitudes agora. Lembre-se das coisas boas que as pessoas já disseram sobre você e dê preferência a elas, esquecendo sua autovisão negativa. Apóie-se nos esforços que faz para cuidar de si mesma e seja tolerante com deslizes. Escreva todas as coisas que seriam boas para sua vida. Destaque aquelas que lhe dariam mais prazer e decida que vai obtê-las. Faça algo prazeroso todos os dias: uma refeição especial, uma diversão, uma boa leitura, uma boa conversa com amigos.

- *Pare de se remoer pensando em acontecimentos e pessoas que a desapontaram.* É fácil remoer deslizes e traições passadas, ou se atormentar com fracassos profissionais. Pode ser útil escrever todas as suas mágoas e guardar o papel em uma gaveta bem fechada. É importante que você esteja *determinada* a parar de se torturar e comece a agir de modo apropriado. A cada lembrança negativa, tente substituí-la com a recordação de alguém que lhe ajudou.

- *Evite pessoas negativas, porque elas reforçam seus medos.* Se um conhecido insiste em se lamentar por estar sozinho ou em reclamar o tempo todo da própria aparência, note se o negativismo dele não está diminuindo sua autoconfiança. É possível que sim, principalmente se você vive sozinha há pouco tempo. Pode ser útil evitar encontrar essa pessoa em situações nas quais ela se sinta livre para falar. Procure cercar-se de pessoas positivas e ativas, de natureza entusiástica, que vejam a vida como um presente, independentemente da presença de um parceiro. Lembre-se, as atitudes são contagiantes.

- *Preste atenção em seu nível de tolerância à solidão.* Experimente ficar um tempo sozinha e observe a partir de que ponto a solidão prazerosa se torna desconfortável, ou quando você começa a ficar ansiosa ou a pensar em coisas ruins. Proteja-se, principalmente nos feriados, dos resultados de ficar sozinha. Se vive sozinha há pouco tempo, preste especial atenção em sua necessidade de companhia e não superestime seu nível de tolerância à solidão. Tentar dominá-la com muita rapidez não é produtivo quando se está mais vulnerável. Ajuda bastante se você planejar sua semana, balanceando o tempo que passará sozinha e em contato com outras pessoas.

- *Faça uma lista de seus pensamentos negativos mais recorrentes.* Todos nós temos muitos deles. Você costuma criticar sua aparência, inteligência, estado civil, profissão? Se você conseguir reconhecer os negativismos e compreender o que os causa, eles vão começar a perder forças. Conheça seu inimigo, como se estivesse planejando uma invasão. Determine quando e onde eles podem atacar e esteja preparada para rebater suas mensagens.

4
Intimidade

(Viver sozinhas nos dá a liberdade de cultivar as coisas que amamos, sem as restrições impostas pela agenda ou pelos desejos conflitantes do parceiro)

> TÃO FORTE QUANTO EM MINHA INFÂNCIA,
> O ÊXTASE AINDA ME SURPREENDE.
> – *Edna St. Vincent Millay*

A intimidade é aquele sentimento prazeroso de se aprofundar em outra pessoa, sem sentir falta de nada. Quando crianças, encontramos essa sensação no abraço da mãe; na fase adulta, a procuramos nos braços de um amor. Os poetas falam sobre o oásis de paixão onde o mundo desaparece, o tempo pára e os amantes se rendem, sentem que estão unidos com o outro e finalmente completos.

Assim que me vi sozinha, tive uma sensação aguda de que algo me faltava e procurei trazer um homem para minha vida novamente, para me "completar". Felizmente, minha sorte amorosa foi curta o bastante para que eu descobrisse que a intimidade não é exclusiva do amor – ela pode ser encontrada em lugares surpreendentes. Na verdade, *nós nos tornamos íntimos de qualquer coisa à qual nos entregamos completamente.*

∽

Em 1983, aos 81 anos, Barbara McClintock ganhou o prêmio Nobel por sua pesquisa a respeito da genética do milho. Em uma entrevista, ela disse: "Ao analisar essas coisas, elas se tornam parte de seu ser. E você esquece de si mesmo". Depois, ela falou sobre a "*afeição real*" que uma pessoa passa a ter pelas peças do quebra-cabeça que "se unem". Descobri que ela estava usando a linguagem do amor. Nos momentos em que McClintock se rendia aos genes – *em que se tornava parte deles* –, ela sentia que não faltava nada em sua vida. Percebi que a intimidade que ela tinha com os genes não era um substituto do amor, pois *o amor romântico é apenas uma das diversas maneiras de ser íntimo.*

É claro que a fonte primordial de intimidade é a comunhão entre as pessoas. Eu me lembro de uma noite em que um amigo e eu estávamos jantando à luz de velas, à beira do lago do Central Park. Conforme trocávamos idéias, nossa reação um ao outro era tão intensa e concentrada como em um dueto musical. Todas as nossas preocupações, e até mesmo a magia do céu de Nova York, com as estrelas mostrando-se por entre as árvores, perdiam a importância diante da proximidade de nossa troca. Eu me senti unida, completa – nada faltava.

Mas e quanto aos dias em que a conexão com um ser humano não ocorre? Tais momentos são comuns para quem vive sozinho. Como encontrar nossa versão dos genes de Barbara McClintock? Em outras palavras, *como podemos nos envolver em algo de modo intenso e apaixonado?*

∽

Um dia, quando eu estava na segunda série, minha mãe se deu conta de que nem ela nem minha irmã mais velha estariam em casa quando eu chegasse da escola. Prevendo que eu ficaria triste, ela pediu que minha irmã, Pat, escrevesse diversos problemas de aritmética em um pequeno bloco de papel amarelo, para me distrair até ela voltar. Naquela tarde, entrei na casa vazia e o bloquinho amarelo se destacava sobre a mesa da sala de jantar, como se estivesse sob um holofote, com um lápis sobre ele. Peguei-o como se fosse um objeto sagrado, me sentei na varanda e comecei a somar as fileiras de números. A ameaça de uma tarde solitária se desfez, pois o mundo da matemática me seduziu com sua magia numérica. *Eu estava tão concentrada que não senti falta de nada, nem mesmo de minha mãe. Foi minha primeira experiência com a sublimação.* A matemática havia se associado a minha mãe, mas oferecia satisfações que nem ela poderia proporcionar.

Senti novamente aquela alegria de "não ter nada faltando" durante minha primeira aula de balé, aos 12 anos. Jean Ralph – *shorts*, salto alto, sombra azul nos olhos – posicionou-me em uma fileira com três outras garotas e entregou a cada uma de nós um leque de papel. Depois, mostrou como fazer um T com nossos pés e disse que aquilo se chamava terceira posição.

"Agora, meninas", ela disse, "quando a música começar, quero que vocês façam um grande arco com o braço e passem o leque para a pessoa ao lado."

Eu me sentia estranha e insegura – ainda tinha o que minha mãe chamava de "gordurinhas de bebê". Mas então Jean foi até o toca-discos, colocou a agulha sobre o LP e ouvimos a doçura do *Quebra-nozes*. Conforme meu braço se erguia em arco, a música parecia estar ecoando de dentro de mim, como se a presença de um anjo tivesse sido desperta e estivesse se elevando em esplendor, transportando-me para um lugar que eu não sabia que existia, mas que parecia ser meu verdadeiro lar.

Ao longo do colégio, a dança me fez passar pelas tempestades da adolescência, mas a faculdade atrapalhou meus treinos e, quando me formei, já era tarde demais para seguir minhas aspirações como bailarina. Então, por muitos anos depois, as distrações com a profissão e com os relacionamentos ocuparam todas as minhas horas e, apesar de minha vida sempre parecer vazia, eu não tinha muito tempo para me preocupar com isso.

Quando passei a viver sozinha e a ter muitas horas ociosas, percebi que algo extraordinário estava dolorosamente em falta. As fascinantes experiências do passado tinham sido colocadas de lado havia muito tempo e pareciam cantos de sereias distantes. Naquele momento, nada me interessava verdadeiramente. Eu precisava estabelecer uma conexão com algo que me interessasse profundamente, mas não sabia como encontrá-lo, até que conheci Daniel.

Na casa dos 40 anos, Daniel era poeta, dono de uma gráfica, tinha uma vida social ativa e vivia sozinho havia treze anos. Na noite em que nos conhecemos, fiquei surpresa ao saber que, apesar de trabalhar em tempo integral, ele conseguia passar cinco horas por dia lendo. Daniel não apenas lia, mas se banhava na literatura, mergulhava em suas profundezas, saboreava a leitura! "Santo Deus", pensei. "Ler cinco horas por dia? Isso é *permitido*?" Na infância, eu havia sentido o prazer de ficar absorta em um livro, mas na vida adulta eu me sentia culpada se passasse muito tempo lendo, quando poderia estar "fazendo algo produtivo". A idéia de ler pelo simples prazer da leitura, em vez de fazer algo com o qual as pessoas se preocupam, como ganhar dinheiro ou deixar uma marca no mundo, parecia perigosamente anárquica.

Então, decidi me tornar uma anarquista.

Quando contei a Daniel que adorava ler, mas que não sabia como encontrar bons livros, ele me olhou com a expressão de alguém que está prestes a salvar um cãozinho perdido. Do bolso de sua jaqueta ele tirou um caderninho e uma caneta, escreveu o nome de algumas obras, me estendeu o papel e disse: "Comece por estes". Intimidada demais para recusar, comecei a ler os livros da lista, que iniciou com Homero e passou por outros clássicos. Portas dentro de mim foram abertas, e redescobri o prazer ao qual não me entregava desde a infância. Eu me deliciava, me embriagava com os livros. Lia até as quatro da manhã, enquanto comia, enquanto viajava. Certa vez, sobrevivi ao tédio de um vôo de doze horas, com duas escalas, entregando-me ao mundo de Marcel Proust, quase sem tirar os olhos de suas palavras, nem mesmo enquanto atravessava os terminais dos aeroportos. Ele me transportou da praticidade fria do aeroporto de Dallas para um balneário de verão na França do século XIX. O século XXI desapareceu e o mundo de Proust se tornou meu lar temporário, completo, onde nada faltava.

Proust dizia que lemos para nos conhecer; existem muito mais "eus" dentro de nós do que aqueles que surgem no dia-a-dia. Quando o escritor e nós nos encontramos no papel, nossa comunicação silenciosa cruza séculos. O autor, como um guia atencioso, divide conosco suas idéias e seus sentimentos mais profundos, e, se formos leitores de coração aberto, algum muro dentro de nós vai ruir, permitindo que "eus" nunca antes imaginados se mostrem. Sem nós, as palavras do autor não teriam sentido, e, sem o escritor, estaríamos presos a vidas incompletas. Dentro de cada livro um ser humano de carne e osso nos estende a mão, e, quer tenhamos diversão ou conhecimento ao ler, nunca estamos sozinhos enquanto tivermos um livro nas mãos.

Conforme um livro levava a outro e modificações na lista de Daniel foram sendo feitas por minha conta, muitas surpresas de autoreconhecimento passaram por mim, como correntes elétricas. Como uma colaboradora, eu sublinhava – até mesmo à caneta – trechos que me diziam algo e que eu queria reler. Não era mais o livro do escritor, era o *nosso* livro.

Além da leitura, pensei, que outro tipo de interesse eu poderia ressuscitar? Remexi minhas memórias e me lembrei do êxtase de escutar música. Comecei a freqüentar concertos. Sucumbir ao mundo do som na companhia de outras pessoas me proporcionou alguns dos momentos mais sagrados de minha vida, ultrapassando minha consciência e tocando meu coração. Nada faltava, os momentos eram perfeitos – quando eu saía da sala de espetáculo, sempre me sentia maior e mais completa do que quando havia entrado.

Então, lembrei que eu cantava no coral do colégio, sentindo o prazer da harmonia. Decidi estudar canto, mas, assim que pensei nisso, se instalou em minha mente a velha resistência a tentar algo novo. Um tipo de paralisia me invadiu. Fui livrada desse problema por minha amiga Jean, uma musicista recém-divorciada.

"Eu sempre quis montar um quarteto de cordas", ela disse, "mas depois do divórcio fiquei tão afundada na tristeza que não conseguia me mexer. É claro que é importante vivenciar o luto por um período e trabalhar a dor, mas percebi, em determinado momento, que eu estava paralisada pela passividade. Até que, um dia, peguei uma caneta marca-texto, uma folha de cartolina, escrevi em letras grandes: 'FAÇA!' e a coloquei sobre minha cômoda. Todas as manhãs, quando eu acordava, ali estava o cartaz, como um professor durão. Foi difícil, mas funcionou!"

Segui o conselho dela: escrevi "FAÇA!" (em um cartão menor, para não destoar da decoração) e o colei no espelho do banheiro. Deu certo? Até que deu. Eu poderia "fazer" se conseguisse parar de limpar armários, de reorganizar os móveis e de gastar meu tempo com outras tarefas sem sentido. Para conseguir isso, tive de dividir o processo de estudo de canto em uma série de tarefas simples. Telefonar para uma amiga cantora para pedir indicação de um professor. *Faça!* Pegar o telefone. Agendar uma aula. *Faça!* Ir à biblioteca, procurar e copiar a música que eu queria cantar. *Faça!* E foi o que fiz.

Encontrei uma professora animada que me ensinou o básico do canto de árias, não para me profissionalizar, mas para me divertir. O *excesso* emocional da música parecia mais real do que a emoção silenciosa e a atitude branda que eu expressava em meu cotidiano. Quando me apaixonei por aquilo, não precisava de mais nada para me "completar" – nem um homem nem reconhecimento profissional. Só tive de me entregar à música para viver uma vida maravilhosa, que podia ser experimentada sempre que eu quisesse.

Eu sabia que nunca dominaria com perfeição a arte do canto, mas às vezes nossas experiências mais emocionantes são aquelas que, apesar de não dominadas, nos levam a partes mais profundas de nós mesmos. Jan Stussy, uma amiga artista, me disse que devemos "intensificar a procura", ou seja, buscar mais a fundo nossos interesses e oferecer-lhes o máximo de devoção e entrega, como faríamos com um amor. Para descobrir esses interesses, é preciso ter muita curiosidade e o desejo – como já disse o psicanalista Erich Fromm – de *nascer completamente*.

Interesses entusiasmados têm o potencial de nutrir uns aos outros. Alguns anos atrás, conheci uma mulher que era fascinada pela história do pão. "Se você estudar o pão", ela me disse, "acabará por saber tudo sobre a sociedade que o fez – quem cultivava os campos, quem colhia os grãos, os artistas que criavam e adornavam os utensílios, a condição das mulheres, dos fazendeiros e dos mercadores, até a economia." Parece que, se você pegar o fio de qualquer interesse e estiver disposta a segui-lo, ele pode entrelaçar o mundo todo!

Lucia vive sozinha, e sua casa fica numa encosta repleta de pinheiros. Ela trabalha em um hospital o dia todo e, à noite, volta para casa e escuta ópera – não como música de fundo para o jantar, mas como um portal para um mundo de emoções mais intensas do que seu trabalho permite. Isso fez com que ela se fascinasse pela história da ópera e pela vida dos compositores e dos cantores, o que aumentou seu interesse por outros artistas da época e pela história e a política dos países onde viveram. Como uma célula que se divide o tempo todo, o amor de Lucia pela ópera criou uma colônia de outros fascínios, que deram mais profundidade a sua vida de solteira.

Buddy, um apaixonado por esportes que vive sozinho, fala sobre beisebol da mesma maneira. "Quando eu assisto a um jogo de beisebol", ele me disse, "não me sinto sozinho. Fico com os jogadores em campo, completamente entretido com as jogadas. Fico ali, totalmente concentrado na intensidade do jogo. Beisebol é filosofia: ele ensina que tudo ainda pode acontecer, que você não precisa desistir nunca. É psicologia: será que o lançador consegue manter sua postura sob pressão? O rebatedor consegue? A equipe consegue se manter unida? É estratégia e nuance: a maneira como cada bola é lançada e por quê. É natureza humana: como os jogadores conduzem a vida? As possibilidades do beisebol são belas a cada momento."

Buddy não é simplesmente interessado em beisebol, mas se deixa envolver pelo esporte. O beisebol faz com que ele viva horas nas quais nada falta em sua vida.

Gosto de pensar que desenvolver interesses profundos é como pescar, pois colocamos diversas linhas na água e fisgamos espécies surpreendentes. Cientistas já demonstraram que a mente se desenvolve com surpresas. Quando algo novo atrai nosso interesse, uma abertura se forma em uma parte de nosso cérebro, "engole" uma enzima e faz brotar um ramo que pode ser medido. Imagine os jardins que são cultivados em nosso cérebro quando vivemos novas experiências e nutrimos com paixão os interesses que já nos atraíram, mas que foram tristemente abandonados pelo caminho.

Posi, uma educadora de Indiana, se viu sozinha quando os filhos saíram de casa e logo depois o marido a abandonou. Após sofrer com o divórcio, ela passou a analisar sua vida, concentrando-se nas coisas que sempre a atraíram, mas que nunca havia tentado fazer. No topo da lista estava o sapateado. Ela não estava sozinha – uma juíza de sua região tinha o mesmo interesse e, juntas, elas formaram um grupo de cinco mulheres que fazem aula de sapateado todas as semanas e depois vão a um café para bater papo. É o melhor dia da semana para todas elas. Apesar de resistirem a usar fantasias e a dançar em público, continuam, há quatro anos, a enriquecer sua amizade por meio da dança.

∽

Obviamente, qualquer pessoa pode ter interesses, então o que isso tem a ver com viver sozinha? *Viver sozinhas nos dá a liberdade de cultivar as coisas que amamos, sem as restrições impostas pela agenda ou pelos desejos conflitantes do parceiro.* Somos livres para crescer em uma direção própria se procurarmos ir atrás das coisas que nos instigam, nos tocam o coração e nos fazem sentir completamente vivas.

Gosto da imagem de termos interesses tão variados que podemos saltar de um a outro durante as brechas de nossas atividades diárias. Sempre que quisermos, uma porta se abre e revela mais portas, para outros cômodos dentro de nós mesmas, sejam eles salas de música, de conversa, de jardinagem, de esportes ou de invenções. E, apesar de algumas atividades terem de ser feitas quando estamos sozinhas, nunca nos sentimos solitárias quando nos entregamos a elas. Encontramos prazer na companhia invisível de escritores, compositores, ídolos do esporte, até mesmo dos genes do milho!

Nunca é tarde demais para cultivar interesses. Quando Sócrates tinha 70 anos e estava na prisão, esperando para beber o veneno, ficou sabendo de um homem que viajava por Atenas ensinando as pessoas a tocar lira. Disse a um amigo: "Traga-o até mim. Sempre quis aprender a tocar esse instrumento".

O amigo disse: "Mas, Sócrates, você vai morrer em três dias". E Sócrates disse: "Sim, mas tenho três dias para aprender!"

> Identifique as coisas que a interessam, que a fazem sentir-se completa, que a fazem sentir que nada está faltando. Incentive-se a "fazer"!

- *Tente se lembrar de sua infância ou da última vez em que ficou solteira, para conseguir pistas de coisas que a interessavam, mas que foram deixadas de lado.* Por exemplo, talvez você tenha desejado tocar violão, escrever poesia, reger uma orquestra, tornar-se *chef*, abrir um salão de beleza, tocar piano. *Seja ousada.* Tente não se preocupar com o que as outras pessoas vão pensar — só você conhece sua alma e sabe o que vai lhe dar mais satisfação e fazê-la sentir-se viva. Esteja consciente das coisas de que gosta e que sempre quis fazer. Não descarte um interesse por achar que é tarde demais para começar. Lembre-se: Sócrates quis aprender a tocar lira três dias antes de ser executado!

- *Anote cada ação que você deve executar para conseguir realizar o que quer.* Se gostaria de tocar piano, por exemplo: a) decida que tipo de professor será melhor para você: um que ensine técnicas básicas, ou que só ensine *jazz*, *pop*, clássico etc.; b) faça uma lista de professores bons, indicados por amigos que toquem piano ou por departamentos de música de faculdades; c) entre em contato com cada um deles, por ordem de preferência, para saber quais são os horários disponíveis, além de preço e localização; d) marque a aula; e) se preciso, pegue a música necessária; f) planeje um horário para praticar; g) estabeleça metas de tempo para dominar cada nível; h) quando já tiver certa habilidade, agende encontros com amigos músicos para compartilhar o amor pela música e se divertir. Risque cada um desses passos conforme os cumprir. Quando perceber que está procrastinando ou se sentindo desmotivada, escreva as razões de sua hesitação e tente compreendê-las. Por fim, incentive-se a simplesmente *fazer*! Esse estágio inicial de desenvolvimento de atividades é o mais difícil, portanto não se sinta desestimulada se perceber que está resistindo ao processo. Isso é humano. Tenha em mente que há recompensas adiante, incluindo o auto-respeito que você terá por haver persistido.

- *Mergulhe mais fundo em seus interesses.* A profundidade de seu comprometimento transforma um interesse casual em paixão. Por exemplo, se você se interessa por jardinagem, pratique-a além de seu quintal. Ingresse em uma sociedade botânica ou um clube de jardinagem, ou faça um curso em uma universidade da região. Existem excursões de visita a jardins na Europa e diversos livros sobre o assunto. Você pode ampliar seu interesse por flores, aprendendo cultivo em estufas no inverno. Algumas pessoas se tornam fascinadas por arranjos de flores ou pelas propriedades medicinais das plantas. É surpreendente perceber como um assunto pode ser rico, amplo e empolgante. Não se satisfaça apenas com a superfície. Vá mais fundo – é onde está a magia.

- *Esteja aberta a uma grande variedade de novas experiências.* Quanto mais linhas tiver na água, maior a possibilidade de fisgar peixes grandes. Aproveite a oportunidade se um amigo pedir que você assista a uma aula de pintura com ele, arrisque-se em uma aula de culinária ou de dança de salão, participe de palestras, pegue indicações de livros que não conhecia e os leia. Aproveite o tempo e a liberdade que viver sozinha lhe proporciona e experimente várias coisas que possam lhe interessar. Lembre-se: interesses geram interesses.

- *Escolha interesses que sejam compatíveis com seu tempo e com suas limitações de energia.* Se seu trabalho é fisicamente exaustivo, em vez de dançar, prefira escutar música ou ler. Se estiver mentalmente cansada por analisar documentos o dia todo, uma aula de desenho ou de escultura pode ser revigorante, ou talvez uma conversa com um amigo. Procure ser seletiva ao ver televisão. Apesar de a programação dos canais trazer algo interessante de vez em quando, a TV pode sabotar seu desejo de ir mais fundo em coisas que têm muito mais a lhe oferecer a longo prazo. É difícil sentir que "nada está faltando" quando só se fica na frente da televisão.

- *Procure pessoas que tenham interesses parecidos com os seus e combine encontros regulares.* Se o interesse em comum for escrever, você pode criar um grupo de redação que se reúna uma vez por mês na casa de alguém, para que todos mostrem seus trabalhos e seus autores favoritos. Aulas são ótimas maneiras de conhecer pessoas, assim como clubes de jardinagem, sociedades literárias e de música e seminários. Com o passar do tempo, você pode fazer amizades duradouras.

- *Coloque o cartaz com a palavra "Faça!" em um lugar onde possa vê-lo todos os dias.*

5
E o romance?

(Viver sozinha tem seu charme e
suas oportunidades de conexão, diferentes
das do casamento, mas não precisa
ser um deserto romântico)

> E fiquem juntos, porém não próximos demais:
> Pois os pilares do templo ficam separados,
> E o carvalho e o cipreste crescem,
> mas não na sombra um do outro.
> – *Khalil Gibran*

Somos para sempre exiladas do amor, se vivemos sozinhas?

É quase certo que não, se não quisermos que assim seja. Mas um medo insone pode tomar conta de românticas recém-sozinhas (ou que estejam prestes a ficar solteiras novamente) quando começam a pensar sobre a perspectiva de não ter uma pessoa amada com quem passar as noites. É claro que nascemos para nos relacionar com alguém, e ninguém gostaria de deixar de sentir a felicidade que a natureza reservou ao amor. Mas a angústia que geralmente é associada ao fato de não ter um relacionamento romântico parece grande demais – como órfãos morrendo de fome durante uma tempestade de neve, os solteiros às vezes se sentem excluídos do banquete perfeito que imaginam que outras pessoas estejam devorando.

No entanto, uma vida amorosa não é uma *necessidade*, como alimento e ar, e sim um *desejo*. Se não comermos ou respirarmos, morremos, mas não morremos devido a uma paixão não concretizada. *Ter de deixar o romance de lado de vez em quando só é problemático se decidirmos ver a situação dessa forma.* Ficar sem um parceiro pode ser – e geralmente é – visto como uma condição desoladora, mas existe uma maneira mais positiva e até agradável de explorar a situação.

Rosemary, uma terapeuta que atende muitos pacientes solteiros, me disse que cada um lida com a vida amorosa (ou com a falta dela) de modo diferente: "Envolver-se romanticamente com alguém é um dos maiores prazeres da vida, mas não é o único, e a energia sexual (George Bernard Shaw a chamava de 'a força da vida') pode ser direcionada para uma série de outros tipos de conexão humana. Ela pode ser aplicada a objetivos artísticos, ao trabalho, e alguns solteiros gostam da excitação do romance nos livros. (Uma vez um editor me disse que, se todos os livros de romance lidos em um único dia fossem empilhados, teriam a altura do Empire State Building.) Algumas pessoas com as quais trabalho e que vivem sozinhas por longos períodos, sem um relacionamento, dizem que, sim, de vez em quando sentem desejo sexual, mas, quando pensam no que *podem* ter e cultivam esses prazeres, o desejo se torna brando e calmo – mas não morre. Quando o romance reaparece, o desejo ressurge, fresco como nunca".

"Para pessoas sem um parceiro", ela prosseguiu, "a mensagem da sociedade de que a única maneira de ser feliz é ao lado de alguém causa a dor da inveja sexual. Os solteiros geralmente imaginam que são privados de um amor fabuloso de que os outros desfrutam. Não é uma má idéia retirar, de modo realista, um pouco do pó mágico que recobre o romance 'ideal', para reduzir a sensação de perda que nos ilude. Quantos casais realmente encontram a versão cinematográfica do amor perfeito? As próprias estrelas de cinema a encontram? É claro que existem casais apaixonados, mas essa certamente não é a regra."

Acabei me lembrando de uma noite em que estava assistindo ao Oscar sozinha. Quando um galã recebeu o prêmio de melhor ator, ele ergueu a estatueta em homenagem à esposa, diante da platéia, e declarou seu amor. Quando a câmera focalizou a mulher, com os olhos marejados e apaixonados, senti uma punhalada de inveja e pensei que daria tudo para estar no lugar dela. Alguns meses depois, os dois se separaram. *Não tem tanto a ver com o que estamos perdendo – tem a ver com o que fantasiamos estar perdendo.*

Isso não quer dizer que o romance não seja possível, ou que não deveríamos desejá-lo e procurá-lo. *Somos criaturas sonhadoras, e seríamos desleais com nossa natureza se desistíssemos de nossos desejos.* Viver sozinhas nos dá tempo para explorar nossos sonhos, e eles *podem* ser realizados, se não exatamente como nos filmes, ao menos de maneiras gratificantes, ainda que pouco convencionais.

Durante os primeiros meses que passei sozinha, eu estava tão acostumada a fazer parte de um relacionamento romântico que não valorizava relações "menores" com homens que eram simplesmente amigos e procuravam um envolvimento intenso, mas dolorosamente descompromissado. Depois de um tempo, fiz amizade com Jan, um artista a quem eu confessava os altos e baixos de minha vida amorosa e que também me contava sobre seus azares (ou sortes) no amor. Apesar de Jan e eu morarmos bem longe um do outro, gravávamos fitas quase todos os dias compartilhando nossas idéias e nosso interesse em poesia. Fomos para a Irlanda nas férias, à procura de pedras celtas sagradas, e para o sul do México, para explorar as ruínas de Palenque. Meu namorado tolerava minhas viagens com Jan, certo de que a amizade entre nós era puramente platônica. E era. Mais ou menos. É verdade que não existia uma forte química sexual entre nós – para ser sincera, a falta de tesão de um pelo outro era tão grande que dividíamos quartos de hotel como se fôssemos irmãos. Entretanto, quando penso em minhas lembranças românticas daquela década, nunca me lembro do homem por quem eu estava "apaixonada". Lembro-me de Jan: de nós dois caminhando juntos sob frondosas árvores, em uma noite enevoada na Irlanda; do restaurante mexicano com música em Mérida, onde definimos, um para o outro, o sentido da vida (viver intensamente); ou de uma noite na Holanda, no topo de uma montanha de onde observávamos o mar do Norte, vendo cisnes atravessarem suavemente o mar iluminado pela lua.

Aprendi que *existem maneiras de ter romance fora do contexto sexual*. Eu havia saboreado, pela primeira vez, o que o escritor do século XVI Montaigne chamava de "amizade apaixonada": uma amizade profundamente carinhosa, incondicional e elevada ao nível da poesia. Tínhamos prazer na companhia um do outro, nos expressávamos livremente e despertávamos o melhor um no outro. Nem todos os relacionamentos convencionais têm o privilégio de ter tudo isso. Havia tantos prazeres que a falta do componente sexual não era sentida como um déficit.

∽

"Você sempre terá homens em sua vida se quiser", um amigo me disse certa vez, "mesmo que não encontre o parceiro perfeito. Em vez de ter *um* homem, talvez você tenha vários que, juntos, serão iguais a um."

Senti uma onda de esperança. Sabia que ele não estava se referindo a promiscuidade – afinal, era um defensor da fidelidade. Ele estava sugerindo que eu me desvencilhasse do costume de dedicar meu afeto a apenas uma pessoa e desenvolvesse laços com mais de um homem – até de gerações diferentes –, com quem eu poderia compartilhar diversos aspectos de mim mesma e construir um relacionamento compensador a sua maneira. Era uma idéia excitante – se nenhum príncipe encontrasse meu sapatinho, havia outras maneiras de aproveitar a felicidade que eu sentia ao estar com um homem.

Ao longo dos anos, fiz amizade com diversos homens – o mais jovem, de 26 anos, e o mais velho, de 92 –, com quem passei algumas das horas mais alegres da minha vida. E, apesar de esses momentos não serem românticos no sentido convencional, não lhes falta aquela troca única de energia que flui entre um homem e uma mulher que gostam da companhia um do outro. Relacionamentos amorosos vieram e foram embora, mas os laços maravilhosos que tenho com esses homens duram até hoje.

Além da sublimação na amizade, aqueles que vivem sozinhos já encontraram muitas soluções e satisfações para o desejo sexual. Os estilos variam do celibato a *Sex and the City*, dependendo da idade e dos padrões pessoais.

Elizabeth, por exemplo, aos 40 anos, tem encontros ocasionais com parceiros atraentes que não são, necessariamente, candidatos a relacionamentos duradouros. Como ela e seus amantes costumam ser amigos e ambos compreendem as regras do jogo, ela consegue manter o equilíbrio emocional e desfrutar de uma intimidade espontânea. "Essas noites especiais satisfazem meu desejo de afeto e me fazem lembrar, de maneira adorável, que ainda sou mulher", ela disse.

Marvin, por outro lado, que aproveitou muito bem a revolução sexual na década de 70, viveu uma experiência que causou uma mudança repentina e profunda: "Acordei no meio da noite para beber água e, enquanto estava fora do quarto, percebi, horrorizado, que não conseguia me lembrar com quem eu estava dormindo. De repente me dei conta de como eu me sentia vazio, como havia confundido sexo com intimidade e como queria uma conexão profunda com alguém. Agora, só tenho intimidade com uma mulher se eu realmente me importar com ela e achar que temos futuro".

∽

A verdade é que o conceito de amor mudou muito de década a década, incluindo o amor idealizado dos anos 40, as famílias nucleares dos anos 50, a revolução sexual das décadas de 60 e 70, as restrições da aids nos anos 80, os corpos perfeitos dos anos 90 e agora as relações virtuais. Como construir nosso caminho em meio a esse emaranhado de crenças religiosas, padrões éticos, moralidade e necessidades pessoais? Como parece não existir um critério universal (exceto a prática do sexo seguro), estamos, cada uma de nós, sozinhas.

Algumas solteiras têm relacionamentos em série (uma amiga definiu o caso como um relacionamento que nunca dá certo); outras mantêm compromissos longos, mas preferem viver em casas separadas. Patricia, que ficou viúva ainda jovem e desde então vive sozinha, em uma cidade litorânea da Costa Oeste dos Estados Unidos, às vezes passa algum tempo na companhia de um homem com quem ela tem um envolvimento há anos, mas que vive em outro continente. "É ótimo quando ele vem me visitar, mas não estou nem um pouco interessada em viver com ele ou com qualquer outra pessoa. Como ele também gosta de ter o canto dele e mora em outro país, esse acordo funciona muito bem para nós dois. Nós nos amamos e temos uma ligação duradoura, e as coisas estão ótimas assim."

Algumas solteiras vivem felizes sem um amor. Bonnie me disse: "Costuma-se dar importância demais ao sexo, mas ele nunca foi o mais relevante para mim. O mais importante sempre foi a pessoa em si, nossa proximidade emocional, intelectual e também sexual. Quando eu estava comprometida e fazia sexo regularmente, não conseguia imaginar minha vida sem essas coisas. Fiquei surpresa ao perceber que, quando não estou envolvida com ninguém e, conseqüentemente, sem esperar intimidade, raramente penso em sexo. Tenho muitos interesses e aproveito bastante minha vida, meus amigos, meu trabalho. Quando vejo um filme romântico, me lembro da sensação e sei que gostaria de me apaixonar novamente, mas, francamente, uma vez que não há ninguém em quem eu esteja interessada, não sofro nem um pouco com essa falta".

Estar sozinha não significa que você nunca mais terá um amor em sua vida. Uma vez que a natureza se encarrega de unir homens e mulheres, todos os dias surge uma nova possibilidade de encontrar um parceiro, talvez até inesperadamente. Minha amiga Edna, que viveu sozinha e feliz durante grande parte de seus 40 anos, foi fazer um safári na África e conheceu um artista norte-americano, com quem se casou no ano seguinte. O pai de um amigo, Harold, mudou-se para uma casa de repouso e, aos 82 anos, encontrou o amor. Outra amiga estava tão decidida a se casar que tratava o assunto como uma executiva abrindo um negócio. Telefonou para todos os amigos, colegas e conhecidos e anunciou que estava disposta a sair, ao menos uma vez, com qualquer homem que eles apresentassem a ela – a aparência não importava. Demorou alguns anos, mas ela conseguiu conhecer e se casar com o homem que considera o parceiro perfeito.

Dizem que, se você quer muito um amor, geralmente existe uma maneira – em qualquer idade – de encontrá-lo. Se o romance terminar em casamento, você deixará de viver sozinha – a menos que vocês possam morar em casas separadas. Meu amigo Bob tem um relacionamento sério com Ann Marie há trinta anos. E a relação é, sob todos os aspectos, tão convencional quanto qualquer outro casamento, com uma exceção: eles são vizinhos. Nenhum dos dois consegue imaginar uma situação melhor que essa.

∽

Se você é romântica, existe uma vantagem protetora em viver sozinha. Um parceiro é uma das maravilhas da vida, mas nem todos podem oferecer toda a satisfação que você almeja. O romance pode levar ao amor, mas não necessariamente isso acontece. Viver sozinha oferece a proteção de amigos e a autonomia interior como garantias contra se perder naquele primeiro delírio da paixão e se entregar prematuramente a um relacionamento do qual mais tarde você se arrependerá. Com essa base de força, você pode escolher um parceiro por motivos que estejam além da necessidade, e dispensá-lo quando necessário.

Outro elemento do romance, a sensualidade, tem um vocabulário mais amplo que o sexo. Quer seja segurando a mão de um amigo ou recebendo uma massagem, há um prazer profundamente humano em ser tocada. Seria um desperdício, principalmente para quem vive sozinha, abrir mão da sensualidade de um banho de banheira com óleos especiais, de refeições deliciosas, do prazer de uma cama aconchegante – coisas que nós, pessoas muito ocupadas, costumamos negligenciar.

E quanto a nossa maior preocupação: Como a vida de solteira pode se comparar aos benefícios do casamento? A questão é que ela não tenta se comparar. *Viver sozinha tem seu charme e suas oportunidades de conexão, diferentes das do casamento, mas não precisa ser um deserto romântico.* É verdade que não temos quem abraçar todas as noites, mas há a possibilidade de encontros prazerosos, que podem nos surpreender a qualquer momento com seu gosto de romance se pararmos de levar a vida de acordo com as convenções sociais. Quer o sexo, o romance e o amor aconteçam juntos em nossa vida, quer sejam explorados separadamente, viver sozinhas nos dá autonomia para moldá-los a nosso gosto, de maneiras que trarão grande alegria a cada uma de nós. A natureza romântica é um dos principais aspectos do ser humano. Seja ela expressa diretamente, com o casamento, seja sublimada na amizade, no afeto, na fantasia ou na arte, merece ser celebrada e incentivada a crescer.

> Viver sozinha tem seus próprios prazeres românticos.

- *Saiba que não ter um amor no momento não quer dizer que você nunca o terá.* O amor tem sempre uma maneira de nos surpreender quando menos esperamos. Uma pessoa pode passar anos, décadas sozinha e de repente encontrar um parceiro. Em vez de ficar preocupada com a falta de alguém para amar, aprofunde suas amizades e vá atrás de seus interesses com mais intensidade. Se você aproveitar a oportunidade para tornar sua vida mais completa, terá mais a oferecer em um relacionamento quando ele acontecer.

- *Não compare sua vida de solteira com o casamento dos outros.* Lembre-se de que o casamento não é garantia de uma vida sexual satisfatória nem de companhia agradável (confira os índices de divórcio). Concentre-se nas conexões de amor que já existem em sua vida, não no que está faltando, e lembre-se de que, se você quiser um relacionamento e estiver disposta a batalhar por um, é bem provável que alcance seu objetivo.

- *Lembre-se de que você não vai morrer por falta de um amor.* Isso pode ser algo que você deseja, mas ficar solteira, mesmo por longos períodos, não afeta sua saúde física ou mental. Muitas pessoas são realizadas e alcançam grande felicidade direcionando o desejo sexual a outros objetivos.

- *Pense além de noções convencionais de romance e mantenha amizade com pessoas do sexo oposto.* Saiba que o romance tem mais possibilidades do que a consumação sexual. O desejo sexual inconsciente pode ser sublimado em amizades profundas e até apaixonadas que, a longo prazo, podem ser mais ricas e estáveis que um relacionamento amoroso tradicional. É importante desenvolver algumas amizades desse tipo, pois cada uma traz qualidades especiais (calor humano, profundidade nos interesses em comum etc.) que, juntas, compensarão o fato de você não ter um relacionamento. Descarte amizades que exijam algo em troca – isso roubará seu conforto, em vez de ser gratificante. Cultive aquelas que a estimulem e que lhe permitam ser espontânea, ser você mesma. Provavelmente esse grupo de amigos demore a ser criado, mas o esforço é pequeno se comparado às recompensas, que podem durar a vida toda.

- *Conheça seu estilo sexual.* Ele vai variar dependendo de sua geração, formação religiosa, crenças morais, gosto pessoal e psicologia. Por exemplo, você consegue lidar psicologicamente com sexo casual sem perder o controle emocional? Se não conseguir, cuide de si mesma ficando apenas com pessoas que possam lhe oferecer a segurança que você procura. Você quer casar? Se quiser, monte uma estratégia (há diversos livros bons para guiá-la) e não desvie até cruzar a linha de chegada. Ou você está interessada em um parceiro fixo, sem que para isso tenham de morar juntos? Analise suas crenças morais, éticas e religiosas a respeito do sexo e do amor e estabeleça diretrizes para si, com base em seus padrões pessoais e no que é melhor para sua felicidade.

- *Use sua vida de solteira – com a proteção de amigos e sua autonomia pessoal – como uma garantia contra as armadilhas do romance.* A paixão é uma droga potente e pode nos desviar do caminho certo. Quanto mais força e amor-próprio tivermos, menor será a possibilidade de superestimarmos o parceiro (e com isso nos subestimarmos), perdermos a perspectiva e ficarmos vulneráveis a um romance inadequado. Mesmo quando estamos apaixonadas, é prudente não ignorar os amigos. Eles são a base da vida e muito valiosos para, se necessário, nos fazer cair na real. A pessoa amada deve ser um acompanhamento delicioso a nossa vida já completa, e não o evento principal.

- *Se você ficar por um tempo sem um amante, desvie a energia sexual para canais criativos.* Por exemplo, experimente a pintura, a escrita, a leitura ou quaisquer outros interesses profundos. O que Freud chamava de libido pode ser sublimado em canais artísticos intensos, que já imortalizaram muitos artistas.

- *Entregue-se à sensualidade do toque.* Matricule-se em uma aula de dança, aproveite massagens e sinta o prazer das interações físicas com familiares e amigos.

6
Meu espaço, meu jeito

(O lugar em que vivemos é nossa
companhia mais íntima, sempre comunicando
e refletindo nosso processo de mudança)

> SUA CASA É SEU CORPO MAIOR.
> ELA CRESCE SOB O SOL E DORME NO SILÊNCIO DA NOITE;
> E NÃO É LIVRE DE SONHOS.
> – *Khalil Gibran*

Tenho um amigo que não suporta ver nenhuma parte de madeira à vista no chão, pois faz com que ele se lembre dos assoalhos nus da casa pobre na qual viveu quando criança, durante a Depressão. Ele adora seu carpete de parede a parede, assim como eu amo o brilho de pisos lustrosos e sem adornos e janelas sem cortinas, tão diferentes da casa onde passei minha infância nos anos 50.

Consigo até me divertir ao visitar amigos que têm fotos expostas em molduras antigas, cristaleiras cheias de coleções e memórias imortalizadas em estatuetas, flores secas, cartas emolduradas, porta-retratos enfeitados com laços e outros tesouros antigos. Mas o que é música para uns pode ser barulho para outros, e, apesar de eu ficar encantada com coisas desse tipo, viver numa casa assim seria altamente distrativo para mim. Esses meus amigos, por outro lado, se sentem sensorialmente carentes em meu recanto frugal e (para eles) desconfortável.

∾

O ambiente em que vivemos é um retrato de quem somos, do que valorizamos e do que pensamos sobre nós mesmos. Tudo aquilo que faz nossos olhos brilharem fala ao coração, e é importante falar de maneira gentil. Nosso lar é filtrado pelas lentes de nosso passado, entra em nossa psique e nos contagia com veneno ou com magia. Isso ficou bastante claro para mim logo que passei a viver sozinha. Quando eu estava comprometida, meu parceiro era meu foco principal, e nossa casa era o palco onde atuávamos em nossa relação. Nós dois éramos ativos na criação dessa união, a atmosfera refletia *nosso* gosto – moldado pelo compromisso –, e não estritamente o meu ou o dele; na maior parte do tempo, o cenário ficava em segundo plano. Mas, quando o velho desejo de ter meu próprio espaço finalmente se materializou, o "pano de fundo" corajosamente deu um passo à frente e reivindicou os holofotes. Ele estava repleto de coisas – móveis, fotografias, louças, restos de nossa antiga decoração – que transmitiam mensagens obsoletas, inapropriadas para minha nova vida. Sem um parceiro a quem dar satisfações, eu precisava experimentar minha autonomia e explorar meu próprio gosto.

∾

Aprendi que *meu espaço é meu santuário, minha música ambiente visual, meu teste de auto-estima*. O desaparecimento da feiúra se tornou tão gratificante quanto a presença da beleza – a ausência de plantas murchas e de lençóis puídos, de janelas trincadas e toalhas rasgadas, de armários cheios de roupas velhas ou que não eram usadas. Objetos de casa abandonados refletiam o abandono de mim mesma. Sem um parceiro para massagear meu ego, dependia de mim proteger-me de mensagens subliminares que estavam, como sabotadores diários, arruinando minha auto-estima.

Era preciso banir qualquer coisa negativa que pudesse trazer uma sensação de desmerecimento em algum canto de minha psique.

Comecei a me questionar acerca do que eu realmente gostava, e não do que achava que tinha de gostar. Eu adorava a chaleira lascada de minha avó? Sim. Ela ficou. A toalha velha? Fora! E esses chinelos estranhos que ninguém nunca me viu usar? Fora! Eram itens que me incentivavam a me sentir sozinha e desmerecedora de coisa melhor. Tudo que eu simplesmente tolerava saiu de cena, incluindo uma gravura de Modigliani que me trazia lembranças de 35 anos antes – ela já não me seduzia. Meu gosto para leitura, roupas, comida e música havia mudado. Por que eu ficaria presa a coisas que não me inspiravam mais?

Sem ter um parceiro para me limitar, comecei a entrar em contato com meu lado rebelde e assumi minhas excentricidades. Havia uma deliciosa sensação de poder em mudar os móveis de lugar às três da manhã (colocando a cama na sala de estar, com a lareira), pintar uma parede de cor-de-laranja num rompante ou ficar acordada a madrugada toda, retirando as portas dos armários da cozinha para deixar os pratos expostos, e depois dormir até meiodia (atores costumam passar grande parte do tempo desempregados). Era autonomia em sua melhor forma.

Pela primeira vez na vida, não havia ninguém me observando, guiando minhas decisões, corrigindo meus "erros" e me ensinando a ter cuidado. Com as asas abertas, eu tinha espaço livre para seguir minhas vontades. Aprendi que prefiro quartos antigos (pois são mais fresquinhos), com pé-direito alto e sancas de gesso, piso brilhante de madeira, portas envidraçadas, lareiras e o mínimo de decoração possível. Adoro velas e não gosto de lustres (que comparo a bailarinas irritantemente suspensas), os tapetes conseguem ficar menos de uma semana no chão antes de eu retirá-los e gostaria de não ter móvel nenhum, se fosse possível. Meus amigos gentilmente evitam me dar apontadores de lápis com formato da Torre Eiffel ou coisas fofinhas e estranhas para decorar minha cama. Apesar de não gostar de colecionar nada, os livros parece que se multiplicam em casa.

Sei, por experiência própria, que ter uma decoração a seu gosto não é necessariamente caro. Ao passar por vilarejos de pescadores portugueses, fiquei encantada com as casinhas brancas cheias de flores, com venezianas azuis e mesas de madeira com uma cesta de frutas ao centro. O local mais agradável em que morei foi o menos caro. Foi quando meu marido e eu tínhamos uma galeria de arte e pouco além disso. Passando por uma situação financeira desesperadora, nos mudamos para a galeria, um cômodo em uma velha casa, pintada de branco e com piso branco. Nas paredes, havia pinturas abstratas com lâmpadas direcionadas. Diante da lareira branca de mármore, colocamos duas cadeiras de lona, uma de cada lado de uma pequena mesa branca que garimpamos no sótão de um amigo. Sobre ela, coloquei uma extravagante rosa. Dentro do armário havia colchonetes, que também serviam como assentos para jantares que meu marido preparava na pequena cozinha escondida atrás de portas brancas. O calor da lareira, comida, simplicidade monástica. O paraíso. Mais tarde, em locais mais requintados, eu percebia que eles não eram melhores que aquela pureza despojada.

Quando comecei a viver num local que refletia minha idéia de beleza, percebi que as coisas que me cercavam me afetavam como música. Em Portugal, eu ficava quase embriagada pela arquitetura e ansiava por encontrar tal êxtase visual em casa, onde a função costuma vencer a forma. Não consegui me mudar para a Europa e viver naqueles espaços sob arcos do século XV, mas esperava poder criar, em quase qualquer espaço, uma atmosfera de intimidade repleta de objetos que me lembrassem pessoas queridas. Todos os dias, meu avô, com a gravata esvoaçando ao vento, sorri um sorriso de décadas passadas na foto sobre minha mesa. De manhã, como cereal com leite em uma tigela azul e branca que minha amiga de escola, Janice, trouxe para mim da França, e tomo café na xícara rosada de minha avó. Minha amiga Maxine fez para mim um cavalo esculpido em madeira, que fica como uma sentinela ao lado do piano que herdei de meu amigo Vito e que traz tanta música a minha vida. E, sempre que olho para a serenidade azul da paisagem japonesa de salgueiros na bandeja que já pertenceu a minha mãe, sinto-me tocada por sua presença.

Ter minha própria casa me deu todos os prazeres que imaginei desde a infância, além de uma surpresa incrível: descobri que *meu espaço solitário é solitário apenas às vezes*. Fiquei surpresa ao descobrir a liberdade com que o mundo externo podia fluir naturalmente por minha porta e o conforto com que ele se misturava à atmosfera que eu havia criado. Algumas vezes na semana, meus amigos relaxavam ao brilho das velas como objetos amorosamente posicionados – como uma decoração humana. Eles chegavam e saíam e chegavam novamente, em um ritmo que se tornou confiável e delicioso. Depois que eles saíam, por um momento eu deixava as velas acesas, para se refletirem nas taças de vinho quase vazias, nas rosas e na prataria e para aproveitar aquela ressonância de amizade antes de reorganizar os cômodos de volta ao estado monástico de antes.

O espaço em que vivemos é nossa companhia mais íntima, parte de nós, parte de nossos relacionamentos, sempre comunicando, sempre refletindo nosso processo de mudança.

Para mim, tornou-se uma forma de diagnóstico espelhar a condição de minha mente – quando meu lar está desorganizado, é possível que eu também esteja. Obtenho autoconfiança conforme *exercito minha vontade* e transformo um espaço neutro em um oásis de autonomia, o que faz com que a liberdade se acenda em minha mente.

Por que mais é maravilhoso ter meu próprio canto? Porque ele é meu. Só meu. Pura, deliciosa e incondicionalmente meu. Não importa se estou simplesmente sem fazer nada ou lendo de pijamas até o amanhecer, minha casa me cerca com sua presença deliciosa – repleta de sons familiares e silêncios gentis – e me incentiva conforme continuo evoluindo.

> Nosso espaço é nosso santuário, nossa música ambiente visual, nosso teste de auto-estima.

- *Descubra do que você gosta e do que não gosta.* Essa é sua chance de ser corajosa. Seja dona de seu espaço. Faça com que ele reflita sua tolerância à bagunça ou ao despojamento. Se você gosta de carpete de parede a parede, tenha-o; se prefere pisos nus, deixe-os brilhar. Pinte as paredes com cores que combinem com seu temperamento e, aos poucos, vá comprando os móveis de que gostar. Folheie revistas e veja que tipo de decoração chama sua atenção. Observe os objetos que possui – fotografias, objetos de arte, enfeites, louças –, escolha aqueles que a agradem e doe ou jogue fora o restante. É melhor viver com poucas coisas do que com muitas que não expressam seu gosto ou trazem lembranças inadequadas e até amargas, que deveriam ser deixadas para trás. Lembre-se de que criar uma atmosfera bela não é necessariamente caro – a beleza está naquilo que realmente representa seu eu.

- *Livre-se de tudo que causa baixa auto-estima.* Não subestime o poder dos objetos. Encarar, todos os dias, toalhas velhas ou cortinas rasgadas, móveis quebrados e pintura descascada pode representar um insuportável auto-retrato e acabar com sua auto-estima. Livre-se de qualquer coisa que não tenha conserto ou que esteja tão velha que nunca poderá ser usada novamente. Por que ter coisas – panelas, pratos, roupas, luminárias – que estão boas para usar, mas que você nunca usa? Essas coisas acabam se amontoando e passam a exigir cuidados que atrapalham sua vida, mas não dão nada em troca. Se sua casa tem piso de madeira, vale a pena deixá-lo brilhando. Verifique os batentes das janelas, o teto e os banheiros e, se encontrar rachaduras ou infiltrações, conserte-as. Criar um ambiente "cuidado" é uma maneira de mostrar auto-respeito e reforçá-lo diariamente.

- *Deixe à mostra objetos e fotos que a façam lembrar de pessoas queridas.* Já que tudo que trazemos para nosso ambiente tem uma presença simbólica, é importante estarmos em território amigável. Deixar à mostra um objeto ou uma fotografia de uma pessoa querida reforça nossa ligação com ela. Lembrar de alguém que nos feriu envenena a atmosfera que estamos tentando criar e destrói nossa sensação de bem-estar. É melhor se livrar de coisas que nos lembrem essas pessoas do que ter de lutar contra memórias desagradáveis.

- *Incentive-se a ser rebelde em sua casa.* Se você tem a vontade incomum de dormir em um colchão em diferentes locais de seu apartamento todas as noites, por que não tentar? Se quiser pintar os batentes da janela de vermelho ou mudar a posição dos móveis toda semana (algo impossível de fazer quando se tem um parceiro), não tenha vergonha de tentar. Pendure quadros se quiser ou, se gostar de ler, emoldure suas frases favoritas. Esse é o lugar onde você pode fazer o que quiser, o *playground* onde você pode criar seu próprio jogo, com as regras que quiser – uma das delícias de viver sozinha.

- *Esteja consciente de seu espaço, como estaria a respeito de outra pessoa.* É importante, de vez em quando, apenas "estar" nele, sem distrações. Aproveite cada um dos elementos e perceba as pequenas deteriorações que necessitem de cuidado. Enfeite seu espaço com flores frescas, se possível, e acrescente música e as fragrâncias de que gostar.

- *Abra suas portas aos outros.* Lembre-se de que é sua escolha ser solitária ou convidar o mundo a participar de sua vida. Quando tiver criado um ambiente que seja unicamente seu, provavelmente seus amigos vão se sentir tão confortáveis nele como se sentem com você. Passar horas agradáveis e divertidas com aqueles de quem gostamos deixa lembranças de amizade e de calor em nosso lar e integra nosso espaço solitário ao mundo.

7
Dinheiro é a raiz da autonomia

(Segurança financeira tem a ver com liberdade)

ERASMO DEVE SE ALIMENTAR E SE SUSTENTAR.
– *Erasmo de Roterdã*

Durante os anos 40 e 50, meu pai foi a árvore de dinheiro que espalhava sua sombra protetora sobre a casa – havia uma floresta de pais na comunidade, todos cumprindo a mesma função. A idéia de uma mulher ser iniciada nesse ritual misterioso era algo inimaginável – era uma questão de orgulho para os homens serem os únicos provedores e, para as mulheres, mostrarem as jóias, máquinas de lavar e secar e alguns casacos de pele que resultavam da situação.

Entretanto, meu pai rompeu um pouco essa tradição quando tive um repentino encontro com a riqueza, aos 10 anos. Minha avó, acreditando, erroneamente, que morreria logo, dividiu suas oito ações da General Motors entre minha irmã e eu (cada uma valia sessenta dólares!), o que significou um enriquecimento inesperado. A cada três meses, quando o relatório chegava pelo correio, meu pai o entregava para mim e dizia, com seriedade: "É melhor olhar isso e saber como está sua empresa". Eu ficava olhando para a página misteriosa, desconcertada, mas orgulhosa por pensar que ele me julgava capaz para o trabalho. No entanto, esse convite para a fraternidade econômica masculina entrou em conflito com meu plano de esperar por um homem que provasse seu amor – e, conseqüentemente, meu valor – sendo meu salvador financeiro. Tolamente, decidi ignorar o incentivo de meu pai e continuar sem saber nada em relação às finanças.

Tudo de que precisei nos primeiros meses sozinha em Nova York foi uma política simples: conseguir dinheiro para o aluguel e não comprar nada que não fosse essencial. Rebelando-me contra meu passado de classe média, sentia orgulho de ser pobre e desprezava qualquer preocupação "burguesa e materialista" com dinheiro. Quando minha pose foi ameaçada após receber um bom dinheiro em um programa de perguntas e respostas, eu o entreguei a um jovem "consultor", que fez com que tudo se esvaísse como areia entre os dedos, até que não sobrasse um só grão. Fiquei tranqüila – quase aliviada, na verdade – e continuei experimentando o exótico sabor da boemia pobre, até um mês complicado em que quase não consegui pagar o aluguel e a empresa de telefonia exigiu uma garantia muito alta em dinheiro porque eu era atriz. Pela primeira vez senti a pontada de humilhação que atinge as pessoas sem dinheiro e tive saudades do prêmio que havia ganhado. Aceitei todos os empregos temporários que consegui encontrar e tentei economizar – o que foi o mesmo que escalar uma duna vertical –, mas ainda assim não queria me interessar mais profundamente por meu dinheiro.

Então me casei e dei boas-vindas à proteção financeira pela qual havia esperado. Havia muitas recompensas naquele relacionamento, mas logo percebi que a salvação financeira não era uma delas. Mesmo assim, entrei em estado de negação a respeito de minha situação, porque continuava me recusando a assumir responsabilidade por minha segurança financeira.

Alguns anos depois de meu casamento, as coisas deram errado e voltei a ficar sozinha. Quando minha carreira progrediu e passei a ter uma conta-corrente um pouco mais gorda, imediatamente procurei um guru financeiro. Ele era um ágil corretor de ações de 20 e poucos anos. A economia estava aquecida, as contas-correntes eram abundantes e todo mundo estava otimista – o que, apesar de eu não saber, prenunciava um desastre. Eu era a Chapeuzinho Vermelho passeando pela floresta em direção ao lobo, quando, felizmente, fui salva por meu primeiro mentor financeiro.

Ralph não era materialista, mas, sendo um sobrevivente da Grande Depressão, levava o dinheiro a sério. Ele ficou assustado com minha política despreocupada em relação a minhas economias. "Você não acha que precisa prestar atenção no seu dinheiro?", perguntou.

Demonstrei desdém, dizendo que nossa cultura materialista costumava encontrar sentido em "coisas". Concordávamos que as coisas materiais raramente traziam felicidade – na verdade, a "mágica" delas evapora rapidamente.

Então ele disse: "Mas *preocupar-se com dinheiro não tem a ver com ser capaz de comprar coisas, e sim com liberdade*. É um seguro contra a ansiedade que você poderá sofrer se sua carreira fracassar. Como conseguirá ter uma vida gratificante (e isso não é *vital*?) se estiver arrasada por dívidas e insegurança?"

Admiti que aquela era uma maneira nova de analisar a situação. Mesmo assim, a letargia me paralisava quando pensava em controlar meus gastos. Quando tentei conter um bocejo, Ralph percebeu e sorriu. "Pode ser tedioso, mas essa não é a única razão pela qual você reluta em controlar seu dinheiro. Você simplesmente não quer abandonar a idéia de ter alguém para cuidar do problema para você. É uma fantasia difícil de abandonar."

Devo ter me mostrado ofendida, porque ele tentou me tranqüilizar. "Não são apenas as mulheres que resistem a controlar seu dinheiro. Muitos homens bem-sucedidos são financeiramente desorganizados por nutrirem um desejo infantil de receber cuidados também. Como você acha que as empresas de cartão de crédito se tornaram tão lucrativas? Elas realizam o papel do pai bonzinho e fazem com que as pessoas entrem em dívidas das quais podem nunca mais se recuperar."

Não precisei ser alertada a respeito das conseqüências de não quitar a fatura do cartão de crédito todos os meses, pois havia observado o sofrimento de uma amiga que tinha se tornado escrava dos juros de um cartão de crédito. Até hoje, ela pagou o dobro da dívida original em juros e não tem esperança de se livrar do compromisso.

Nos meses seguintes, sempre que Ralph e eu nos encontrávamos para tomar um café, ele me perturbava como um diabinho com seu tridente para resgatar minhas finanças ameaçadas. "Então, sua política é entregar seu dinheiro a um 'especialista financeiro' e contar com a sorte", ele disse, balançando a cabeça. "Você está colocando seu futuro econômico em risco. Não acha que deveria começar a se educar a respeito de finanças?"

Ele escreveu algo em um guardanapo e o entregou a mim. Era uma lista de publicações sobre economia e de livros sobre finanças e investimentos. "Está falando sério?", perguntei, rindo. "Eu sou aquela que, quando criança, não entregava o dever de casa! E, além disso, quem sou eu para pensar que posso cuidar de meus investimentos?"

"Por que não conseguiria?", ele rebateu. "*É o seu dinheiro*. Você está vivendo sozinha e está em um negócio arriscado, que costuma ser bastante cruel com as mulheres. Quem vai protegê-la? Quer entregar seu dinheiro a qualquer um e arriscar terminar sem um tostão? Ou está disposta a se tornar sua própria benfeitora?"

Ao me imaginar como moradora de rua, pedindo esmolas, tirei meu dinheiro das mãos do consultor moderninho, saí do superagitado mercado de ações e comecei a ler uma montanha de livros e revistas sobre finanças. (Dois anos depois, o mercado ruiu e, apesar de ter cochilado bastante durante meus estudos, percebi que nenhum especialista havia previsto aquela crise.)

Mas aquilo era apenas um treinamento básico. Ralph então me colocou na linha de frente, onde, depois que eu havia lido conselhos sobre investimento que variavam imensamente, ele esperava que eu tomasse uma atitude. Quando reclamei, dizendo estar confusa, ele disse: "Na dúvida, não faça nada" e mandou-me pesquisar mais para esclarecer as coisas, coletando opiniões e pensamentos de especialistas – um banqueiro, um consultor de investimentos, um amigo economista – e então comparando essas opiniões. Quando relaxei e estava prestes a jogar o problema nas mãos de um único especialista, ele me alertou: "*Cometa seus próprios erros, não os de outra pessoa*".

Munida com esse conselho maravilhoso, comecei, a princípio com hesitação, a tomar minhas próprias decisões de investimento e, apesar de ter sido um tanto conservadora, consegui, com o passar dos anos, dormir tranqüila durante as crises do mercado.

∽

O "programa de treinamento" que Ralph me passou se tornou mais exaustivo, preparando-me para o combate financeiro. Ele insistia para que eu me tornasse completamente envolvida com todos os aspectos de meu dinheiro. Toda as despesas deveriam ser explicitadas e registradas: multas de trânsito, selos, presentes, cinema, táxi, doações, impostos e até os gastos eventuais, como os agrados que eu fazia a mim mesma para elevar o humor: manicure e uma eventual *lingerie*. Argumentei que aquilo não era necessário, pois minha política era comprar apenas o essencial e guardar todo o resto. "É por isso", eu disse, toda orgulhosa, "que tenho recursos sobrando para investir."

"Mas isso é tão desequilibrado quanto gastar sem controle", ele disse rindo. "É só mais uma maneira de não lidar com o dinheiro. A questão não é apenas economizar ao máximo e terminar uma velhinha sem casa com um milhão de dólares embaixo do colchão. Você não precisa de um monte de dinheiro, apenas do suficiente para viver com conforto e livre de preocupações. Qualquer coisa além disso se torna uma pilha de papel sem sentido. Seu objetivo deveria ser compreender quanto você tem, quais são suas despesas, economizar uma quantia razoável para o futuro e *aproveitar* o restante. Existem outras coisas essenciais para sua felicidade, como *shows*, viagens, diversão, livros."

Saí dessa conversa com uma visão mais realista de minha situação. Mas ainda havia mais dificuldades a enfrentar: a perspectiva sombria de ter de redigir meu testamento, por exemplo, e a confusão de meus seguros, o que me causava ansiedade. Eu sentia vontade de ir ver um filme, ler um livro, dormir, qualquer coisa, menos ter de estudar um prospecto complicado ou ler as letras miúdas do contrato de financiamento da minha casa. Ralph me incentivou a persistir até conseguir compreender minha situação financeira de forma geral e ter segurança de que eu poderia atravessar os altos e baixos de minha profissão.

Você deve estar pensando que eu fiquei feliz com esse conhecimento todo, mas, em vez disso, tive uma desagradável sensação de perda (apesar de minhas crenças feministas). Ao abrir mão de minha pose de donzela em apuros, eu acabava com as chances de ser salva por um cavaleiro (uma grande decepção para uma romântica). A independência parecia bem menos emocionante do que ser dependente e, além disso, era muito mais complicada. Todos os problemas financeiros que eu resolvia, tudo que eu comprava entrava em conflito com desejos de infância que precisavam de cuidados.

Com o tempo, comecei a apreciar ter cada vez mais controle sobre meu dinheiro e, não sem relutância, aceitei o papel de provedora. Finalmente, passei a aproveitar a segurança interior e a auto-estima que havia conquistado ao comandar minhas finanças e me senti profundamente grata a meu generoso mentor, por ter me guiado rumo à autonomia financeira. Eu havia me tornado a árvore de dinheiro, espalhando minha sombra protetora sobre minha vida, e sem isso eu nunca poderia ter explorado os prazeres de viver sozinha com o coração e a mente tão tranqüilos.

Somos nossas próprias benfeitoras.

- *Observe suas atitudes em relação ao dinheiro.* O que ele representa para você? Você reluta em assumir o comando de suas finanças? Se sim, tente entender por quê. Se deseja ter alguém que tome conta de você, perceba as armadilhas dessa fantasia e as vantagens de se tornar sua própria benfeitora. Lembre-se, é difícil aproveitar a vida de solteira se você se sente vulnerável e financeiramente ameaçada.

- *Em um caderno ou no computador, relacione todos os tópicos referentes a sua vida financeira e concentre-se sistematicamente em cada um.* Você pode relacionar tópicos como contas-correntes, planos de previdência, investimentos, testamento, financiamentos ou *leasings* e apólices de seguro. Dentro de cada um, anote todas as atitudes que você precisa tomar em relação àquele aspecto. Pode parecer demais à primeira vista, mas não se obrigue a resolver tudo de uma vez. O mais importante é fazer uma lista meticulosa sobre o que precisa ser observado. Conforme for se acostumando a assumir o controle, pouco a pouco, tente dominar todos os elementos. Atualize o caderno todo mês (pode ser assim que receber seu extrato bancário mensal) e faça os ajustes necessários.

- *Liste todas as suas despesas sem medo.* Nessa lista podem ser incluídos gastos com roupas, carro, aluguel, casa, seguro e despesas médicas. Inclua presentes de Natal, aniversário e casamento, compras realizadas por impulso, gorjetas, o jornal que você comprou por ter esquecido o horário do cinema. Uma vez que a socialização é importante para a vida de solteira, registre os gastos em restaurantes e com entretenimento. Inclua gastos com coisas que contribuem para seu crescimento e sua felicidade: *shows*, museus, aulas, *hobbies*.

- *Viver dentro das possibilidades de seu orçamento é matemática simples.* Registre a renda obtida com seu trabalho e com investimentos e compare-a com suas despesas. Se a renda não cobrir os gastos e *ainda deixar um saldo para emergências*, reduza sem dó as despesas ou procure um trabalho extra. Lembre-se de que comprar coisas não traz felicidade, mas viver dentro do limite de seu orçamento traz – por mais modesto que ele seja. Isso é *essencial* para sua segurança e tranqüilidade.

- *Nunca use o cartão de crédito, a menos que consiga quitar a fatura todo mês.* Não há vantagem nenhuma em dívidas longas de cartões de crédito. As empresas de cartão se aproveitam de nosso desejo de ter alguém que cuide de nós e ofereça gratificação imediata. É do interesse delas fazer com que entremos em dívidas, de modo que possam ganhar dinheiro com as taxas de juros exorbitantes. Pagar o valor mínimo da fatura do cartão de crédito é uma maneira de se afundar financeiramente e perder, talvez por anos, ou até para sempre, a autonomia que é tão essencial à sua vida.

- *Invista no futuro de modo gradual.* Se você começar cedo, terá uma quantia considerável em apenas algumas décadas. Descubra o estilo econômico que mais combina com você – algumas pessoas conseguem relaxar com o mercado de ações, outras ficam nervosas e dormem mais tranqüilas se investirem em fundos mais conservadores. Se você está insegura em relação a uma decisão financeira, reúna diversas opiniões nas quais possa basear *seu próprio julgamento*. Você pode encontrar informações em livros, revistas, jornais, com conhecidos ou com especialistas. Esteja atenta a tendências eufóricas que possam terminar de modo desastroso. Leia o caderno de finanças do jornal para ter uma visão geral da economia – isso pode ajudar a prever tendências que possam afetá-la. Seu futuro está em suas mãos – proteja-o como uma mãe zelosa.

- *Faça um plano de previdência privada.* Essa é uma boa maneira de formar um pé-de-meia para o futuro.

- *Analise suas apólices de seguro para ter certeza de que está bem protegida.* Certifique-se de ter seguro-saúde ou convênio médico, seguro contra acidentes pessoais e de carro. Releia as apólices periodicamente para ver se precisam de atualização.

- *Faça seu testamento.* Enfrente a situação de uma vez.

- *Desista da idéia de ter um protetor ideal, que lhe oferecerá um porto seguro e a livrará da responsabilidade sobre sua segurança financeira.* Você é seu maior porto seguro, se estiver disposta a cuidar de *todos os aspectos* de sua vida financeira, por mais tedioso e cansativo que possa parecer a princípio. O objetivo principal não é acumular uma fortuna, mas ficar livre de preocupações para poder aproveitar a vida.

8
Sozinha em tempos de crise

(Existem muitos perigos com
os quais se preocupar em uma crise,
mas viver sozinha não é um deles)

Não procure por um líder fora de si mesmo.
– *Anciãos do povo hopi,
depois dos ataques terroristas de 11 de setembro de 2001*

Eu durmo em um pequeno quarto, como um sótão, acima de um jardim que se espalha graciosamente pelo meu quarteirão barulhento. Minha cama vive cheia de livros que leio sem culpa até de madrugada; a clarabóia fica sobre minha cama, como um olhar protetor. Nunca me senti solitária nesse meu cantinho, até o dia do ataque ao World Trade Center.

Assim como o restante dos cidadãos do país em 11 de setembro de 2001, passei o dia horrorizada e sem compreender o que ocorrera, assistindo, sem parar, às imagens das torres ruindo sobre o caos da humanidade. Amigos nervosos ligavam uns para os outros procurando consolo e segurança, mas não havia consolo e ninguém conseguia imaginar que voltaria a se sentir seguro. Estranhamente, apesar de sempre fazer refeições com meus amigos, não fizemos planos de nos encontrar. Parecia que precisávamos ficar sozinhos para digerir os eventos terríveis daquele dia.

Para não ter pesadelos, fiquei ligada à cobertura feita pela TV, que se arrastou pela noite toda. Às quatro e meia da manhã, subi a escada estreita que leva ao meu quarto e me deitei sozinha – mais sozinha do que jamais estivera. Questionei minha vida de solteira e desejei o consolo de ter alguém ao meu lado – um homem para me abraçar, diminuir minha angústia e fazer com que eu me sentisse protegida. Hoje eu percebo que o que realmente queria, enquanto pensava na imagem de um homem, era minha mãe. Não a mãe que eu tinha na fase adulta, mas a *mamãe* original, com o poder de afastar o medo de uma criança de 5 anos.

Quando eu era criança, minha família vivia ao lado de uma floresta, em uma montanha solitária. À noite, eu imaginava um lobo saindo de sua toca, subindo pela lateral de minha casa e prestes a entrar pela janela do meu quarto. Como meu pai viajava a negócios e raramente estava em casa, minha única defensora contra os lobos era minha mãe, 1,60 m de absoluta segurança. Era para ela que eu corria no meio da noite – quando os relâmpagos ameaçavam estourar minha janela e um raio cair na minha cabeça – para me sentir segura novamente. (Hoje eu sei que, depois de me tranqüilizar, minha mãe ficava acordada, tremendo de medo, imaginando que um assassino sairia da floresta e seguiria em direção à nossa casa. Ela colocava o revólver na gaveta do criado-mudo e desejava que meu pai estivesse em casa para abraçá-la, diminuindo seu medo, como a mãe *dela* fazia.)

Mas meus amigos casados me disseram que houve pouco consolo na companhia do parceiro na noite de 11 de setembro. Minha amiga Ellen disse: "Até mesmo com meu marido eu senti medo. Pensar em nossa mortalidade é uma aventura solitária". Independentemente de estarmos ao lado de uma pessoa amada ou não, aquela noite todos nós deitamos na cama desprotegidos e assustados. Não havia "mamães" para espantar os lobos.

∽

Nos dias seguintes, apesar de ter ficado sozinha, senti uma confortante conexão com as pessoas. Até mesmo os comentaristas e as figuras públicas, pela televisão, conseguiram reunir uma comunidade ferida, compartilharam de nossa dor e tentaram tornar a realidade absurda mais compreensível. Ao tomar conhecimento de cada tragédia pessoal, chorávamos com as famílias das vítimas – uma tribo em luto por uma catástrofe de proporções míticas. Não éramos indivíduos isolados – nós nos tornamos um povo.

Outro tipo de consolo surgiu conforme *e-mails* eram repassados entre amigos, criando uma reação em cadeia de histórias encaminhadas que nos levaram para dentro do coração das vítimas e dos trabalhadores do resgate. Na rua, conforme a fumaça começou a baixar, uma nuvem de cinzas pareceu pousar sobre a psique coletiva da cidade, com o movimento e a agitação usuais substituídos por um sentimento solene estampado em todos nós. Parecia natural conversar com estranhos, como se nossas cortinas humanas de ferro tivessem sido derrubadas com as torres, como se conhecêssemos intimamente uns aos outros. E, em nossa dor e nossa vulnerabilidade compartilhadas, conhecíamos mesmo. Nunca me senti tão segura nas ruas – e nunca me senti menos sozinha.

Depois que o primeiro choque passou, uma segunda onda nos uniu: o sofrimento por nosso país – e, como nova-iorquinos, por nossa cidade – ter sido horrivelmente violado. Certa vez, ao anoitecer, estava passando pelo Central Park e parei para olhar ao sul, com o verde do Sheep Meadow indo terminar na linha do horizonte. Sob a luz perolada, o cume dos edifícios brilhava como uma Acrópole em miniatura. Essa era a cidade onde eu sonhava morar desde os 10 anos, admirando as fotos incríveis da revista *Life*. A maioria dos moradores mantém uma relação de amor e ódio com Nova York, mas aquela noite não havia ódio, apenas amor, tão romântico como o que sentimos por nosso parceiro.

Então, uma terceira onda tomou conta de todos nós: o medo. O que poderia vir depois? Quando e de que forma? Podemos nos proteger? Como? Quem tem as respostas? Existem respostas?

Quando comecei a viver só, temia ter de enfrentar uma crise sozinha. Acreditava que teria de estar com alguém de quem minha vida dependesse. Desde então, aprendi que tal dependência pode ser perigosa, a menos que a pessoa em quem nos apoiamos seja um especialista em lidar com aquela situação.

∽

Depois dos ataques de 11 de setembro, o medo da morte afligiu cada um de nós, e não houve tranqüilização imediata. Lembrei-me de uma ocasião em que escutara uma entrevista de Bertrand Russell no rádio, em seu aniversário de 96 anos. Perguntaram como ele se sentia em relação ao futuro tendo em conta sua idade avançada. Ele respondeu: "Da mesma maneira que sempre me senti em relação a tudo: *Precisamos agir com vigor diante da incerteza*". Naquele momento, era preciso agir com vigor, fazer meu próprio reconhecimento de território, reunir informações como se fossem peças de um quebra-cabeça, analisar a situação toda e decidir o que fazer. Para isso, não era preciso ter um parceiro, mas tampouco podia ser feito sem ajuda. Era preciso ter informações do rádio e da TV, e a ajuda da Internet e de todas as pessoas que eu conhecia que pudessem dar conselhos construtivos. Em poucos dias, diversas fontes indicaram itens de sobrevivência e rotas de fuga, e organizações de ajuda foram identificadas para aliviar quaisquer neuroses. Ninguém que vivia sozinho podia reclamar de falta de ajuda.

∽

Os gregos diziam "Conheça a si mesmo", apesar de isso talvez não ser completamente possível. Mas uma crise é uma ótima oportunidade de conhecer aspectos desconhecidos de nós mesmos. Os ataques de 11 de setembro me fizeram retomar contato com uma de minhas antigas fobias: germes. Antes de me deitar em uma noite de sexta-feira, liguei a TV para saber as notícias e vi alertas a respeito de um ataque esperado para a semana seguinte. Aquilo foi amedrontador, mas, sempre que estava confusa, me lembrava de meu amigo Ralph dizendo: "Na dúvida, não faça nada"; assim, fui dormir. Depois, soubemos que o governo temia que esse ataque fosse químico ou biológico. Minha dúvida desapareceu. Sabia exatamente o que queria fazer: queria ir para outro lugar! Ignorei a vergonha por me comportar como uma medrosa – eu podia enfrentar uma bomba, mas *de jeito nenhum* conseguiria lidar com germes!

Quando tinha 6 anos, passei a ter fobia de contaminação e me tornei neurótica, evitando segurar em maçanetas e deixando meus pais malucos ao investigar, compulsivamente, cada molécula de comida em meu prato. (O que eu podia imaginar que se escondia em minha alface?) Acabei superando esses medos, mas uma situação extrema de estresse consegue me levar de volta à infância, onde essa fobia ficou. Em vez de enfrentá-la, aprendi a me compadecer de minha problemática psique e a fazer tudo que estiver a meu alcance para tornar minha vida livre de ansiedades, por mais tolas que minhas ações pareçam ser para os outros.

Quando se vive sozinha, não há ninguém para questionar nossas decisões, ninguém nos chamando de volta à razão quando o medo ultrapassa a linha racional. É claro que tampouco há alguém para nos fazer enxergar melhor nossas reações, por isso aprendemos a monitorar nossa mente e a procurar consolo.

Sentindo-me ameaçada e sem conseguir dormir, telefonei para um amigo de New Jersey e perguntei se ele tinha planos de ir a Manhattan aquela noite. A resposta foi sim. Perguntei se ele se importaria em me deixar em um hotel em New Jersey quando estivesse voltando para casa. (Eu planejava levar livros para me entreter naquele porto seguro livre de germes.) John generosamente me levou à casa de sua família, na costa de Jersey, onde passei um fim de semana tranqüilo. Na segunda-feira, retornei para a cidade de Nova York – felizmente livre de contaminações – com a serenidade restaurada. Eu estava aceitando minhas vulnerabilidades até conseguir obter informações que me impedissem de exagerar os perigos ou de negá-los.

Quão ameaçados estamos? Nova York é um alvo? O fornecimento de água está em perigo? E as máscaras de oxigênio, são uma boa idéia ou irrelevantes? Quão perigosos são os metrôs? Quão seguros são os aviões? Apesar de a mídia não esconder nenhum detalhe assustador, paradoxalmente, *quanto mais eu ficava sabendo, menos ansiosa me sentia*. Ali estavam os verdadeiros perigos, e era um alívio enfrentá-los. Comecei a avaliar cada questão, uma a uma – se eu não tomasse nenhuma atitude, ao menos seria uma decisão *minha*. Se eu precisava ser salva, teria de salvar a mim mesma.

∽

Logo tomei consciência de minha assustadora falta de conhecimento – na escola mal aprendemos sobre a Europa, muito menos sobre o Oriente Médio. Eu tinha uma vaga lembrança do nome Império Otomano; no mais, meu conhecimento sobre o Oriente Médio não ia muito além de ver Peter O'Toole atuando no filme *Lawrence da Arábia*. Ao olhar para o mapa, fiquei surpresa ao ver lugares sobre os quais nunca ouvira falar: Tadjiquistão, Islamabad. Como o Irã fica a oeste do Afeganistão? Fui à livraria e me uni a outros nova-iorquinos envergonhados, diante de livros sobre a história do Islã e do Oriente Médio. (Eu não estava sozinha nem mesmo em minha ignorância!) Nas semanas seguintes, que passei lendo, desenvolvi não apenas um conhecimento mais amplo a respeito da situação mundial atual, mas também a vontade de saber mais sobre a região, sua história, arte e literatura.

Perguntei a meus amigos solteiros qual havia sido sua reação ao fato de estarem sozinhos durante o ataque. Minha amiga Sara imediatamente procurou a Cruz Vermelha para ajudar. Como eles tinham voluntários em excesso, ela foi para casa e assou biscoitos para as equipes de salvamento. "Eu não me senti sozinha", ela disse. "Imediatamente encontrei consolo no esforço de ajudar." Ann foi doar sangue, Carol ficou com outras pessoas em um templo budista de seu bairro e Tony ajudou na Catedral de São Patrício.

Existem muitas coisas com as quais se preocupar em uma crise, mas viver sozinha certamente não é uma delas. Crises são momentos de se unir com outras pessoas, de trabalhar junto, de sofrer junto, uma oportunidade de aprender que, a partir do momento em que assumimos responsabilidade por nosso bem-estar, podemos nos tornar nossas melhores protetoras.

Torne-se sua melhor protetora
em momentos de crise.

- *Conecte-se a outras pessoas.* Procure seus amigos para compartilhar suas reações e ansiedades e para obter consolo. Se você mora em prédio, procure os vizinhos. Quando estiver na rua, seja receptiva para trocar idéias e impressões com os outros. Tenha consciência de que você não está sozinha, mas faz parte de uma comunidade que está passando pela mesma coisa. Vá a um lugar onde você possa ajudar.

- *Envolva-se com a comunidade.* A ação é estimulante, por isso ofereça seus serviços como voluntária. Envolver-se com outras pessoas em um esforço comum é recompensador para a comunidade, mas ainda mais para nós mesmas. Pergunte em igrejas, templos, mesquitas, na Cruz Vermelha, no Exército da Salvação ou em qualquer outra organização de caridade para saber como ajudar. Contribua com alimentos, roupas e dinheiro onde sentir que será mais útil. Participe de encontros e reuniões onde possa oferecer seu ponto de vista e partilhar com os outros suas preocupações.

- *Reúna fatos*. Assista aos programas de TV e escute rádio para obter informações e notícias. Leia os jornais para análises mais profundas e procure informações especializadas na Internet. Se conhecer algum especialista, entre em contato com ele para aprofundar seu conhecimento. A ignorância aumenta a ansiedade; a informação coloca você mais no controle. Cada peça do quebra-cabeça aumenta a visão do todo e contribui para seu plano de ação.

- *Assuma seu destino*. Não existe autoridade externa absoluta. Não dependa de apenas uma pessoa amada ou de um amigo para obter soluções – um relacionamento íntimo oferece muitas coisas maravilhosas, mas a salvação de sua vida não é uma delas. Com base em informações confiáveis, tome medidas para se proteger física e psicologicamente. Faça uma lista de necessidades e procedimentos emergenciais: rotas de fuga, telefones de emergência, suprimento de comida e água, radiotransmissores, medicamentos. Mantenha um *kit* com esses itens em local de fácil acesso. Planejar com antecedência pode diminuir a confusão e ajudar a evitar o pânico em caso de emergência. Se nunca precisar deles, tanto melhor.

- *Aceite suas fragilidades.* Seja gentil consigo mesma e não se sinta envergonhada por suas aversões pessoais. Todos nós temos medos únicos. Em tempos de insegurança, não aumente sua ansiedade forçando-se a tomar atitudes corajosas com as quais não se sente à vontade. Lembre-se, aquelas pessoas que parecem ser mais corajosas que nós podem ser imprudentes ou simplesmente destemidas. Se você quiser evitar viajar de avião, evite. Se um armário repleto de garrafas de água a deixa mais tranqüila, faça um estoque. Se ter uma máscara de oxigênio a ajuda a dormir melhor, compre uma. Se quiser sair de onde está por um tempo, planeje sua saída.

- *Use o fluxo de informações durante a crise para aumentar seu interesse nos assuntos e nas pessoas envolvidas.* Além dos jornais, revistas e da Internet, procure livros na biblioteca e na livraria. É uma oportunidade para compreender as causas dos desastres e se tornar familiarizada com povos, locais, religiões e políticas de um modo que vai enriquecer seu mundo e desafiar seu intelecto.

- *Aplique esses princípios a qualquer situação que você reconheça como uma crise.* Seja uma emergência médica ou qualquer outra ameaça a si mesma ou a outros, reúna informações de diversas fontes e faça o que for necessário para se proteger física e emocionalmente.

9
Enfrentando as coisas juntos: grupos de apoio
(A questão é compartilhar)

> NÃO É TANTO A AJUDA DE NOSSOS AMIGOS QUE NOS AUXILIA,
> MAS A CERTEZA DE QUE ELES NOS AJUDARÃO.
> – *Epicuro*

Então, aqui estamos nós, examinando todos os pedacinhos de nossa vida, tentando uni-los para formar uma figura satisfatória – e fazendo tudo isso sozinhas. É confuso, difícil, assustador, solitário. Viver sozinha é um desafio e requer foco. Precisamos estabelecer prioridades e perseguir objetivos, mas será que existe maneira melhor do que prosseguir sozinhas?

Sim, existe: criar um grupo de apoio. *Grupos de apoio funcionam*. Não tenho certeza de como, mas sei que funcionam – talvez pelo fato de sermos animais gregários, felizes com nossos semelhantes, e tendermos a esmorecer quando isolados. Talvez afirmar nossos objetivos os deixem claros para nós, e um gene tribal seja responsável por nosso esforço em equipe.

"Não conseguia me recuperar depois de meu divórcio", Marie disse. "Eu estava sozinha no mundo, minha vida social destruída com meu casamento. Não tinha energia para começar a moldar uma nova vida. Eu me sentia órfã. Sem estruturas, sem idéias. Até que uma amiga, Casey Kelly, me contou sobre um grupo de apoio que ela estava criando, com dez homens e mulheres insatisfeitos com o modo como estavam levando a vida e que queriam mudanças. Ela me convidou a ir às reuniões, uma vez a cada seis semanas, quando estabeleciam objetivos e conversavam sobre o progresso alcançado. Quando cheguei, senti um certo receio em expor minha situação pessoal diante de um grupo de desconhecidos, mas logo me uni aos outros e comecei a definir minhas metas. Primeiro escrevemos as coisas que queríamos fazer, ser ou ter, depois marcamos cada item com uma ou duas estrelas, por ordem de importância. Já que vivo sozinha, construir uma vida social foi meu primeiro objetivo. Além disso, queria me envolver mais com arte. Eu me lembro do prazer, quando era adolescente, de pintar com aquarela. Eu costumava ir a restaurantes com os apetrechos de pintura para poder fazer esboços dos clientes. Encontrei alguns cadernos de desenho recentemente e me arrependi por ter enterrado esse interesse sob as pressões do trabalho e do casamento. Todos nós estabelecemos nossos objetivos e os obstáculos para alcançá-los (no meu caso, a timidez) e planjamos maneiras de superar esses obstáculos antes da reunião seguinte. Na presença de outras pessoas, eu me senti inspirada para pensar em ações que não havia imaginado antes. Em primeiro lugar, decidi me inscrever em uma academia, pois precisava de estruturas em minha vida que não fossem isoladas. Também precisava fazer amigos, então identifiquei duas pessoas em meu ambiente de trabalho que eu podia convidar para almoçar. Um dos membros do grupo sugeriu que eu pensasse em maneiras de incorporar a arte em meus objetivos sociais: levar um amigo a um museu ou a exposições de arte, ou procurar um grupo que organizasse saídas para pintar paisagens. O mais estranho é que raramente pensei no grupo de apoio nas semanas seguintes, mas a empatia criada deve ter me motivado, porque, quando nos encontramos novamente, fiquei surpresa com meu progresso. Eu estava fazendo ginástica em uma academia, almoçara com um colega e telefonara para uma universidade da região para obter informações sobre aulas de arte. Isso foi há três anos, e agora tenho ótimos amigos, concluí diversos cursos de pintura excelentes na universidade, onde fiz mais amigos, e organizo sessões de pintura aos sábados à tarde na minha casa. Sei que nunca teria conseguido tudo isso sozinha. *O grupo de apoio me mostrou como ser uma pessoa mais corajosa e mais dedicada, e eu internalizei esse aprendizado.* Não foi necessário me socializar com os membros, porque *o grupo em si transcende os indivíduos. Ele inspira mais empenho e oferece mais apoio do que qualquer membro sozinho conseguiria fazer.*"

Eu agora faço parte do grupo de apoio de Marie. A cada seis domingos, nos reunimos em meu apartamento. Todos levam petiscos, conversamos um pouco e começamos. Por dez minutos (usamos um cronômetro, apesar de não sermos tão rígidos com o horário, permitindo que um membro ultrapasse o tempo estabelecido se estiver falando sobre um assunto muito importante), cada um de nós repassa seus objetivos de curto e longo prazos e relata seu progresso. O grupo, então, dá cinco minutos de idéias e sugestões incentivadoras – nunca fazemos críticas negativas, afinal não somos um grupo de censura! Em um dos encontros, Casey, nossa fundadora, tinha de decidir se deveria se mudar para Houston, para alcançar seu objetivo de não ter mais dívidas, ou se deveria persistir em sua querida Nova York. Pensamos durante um tempo no dilema de Casey e apoiamos a decisão dela de atingir a meta, apesar da perda que todos nós sofreríamos com sua ausência.

Nosso grupo exigia um comprometimento de três anos. A princípio, relutei em me comprometer por tanto tempo, principalmente com desconhecidos – eu achava que era capaz de alcançar meus objetivos sozinha, muito obrigada. Mas o fato é que eu não era. Nem qualquer outra pessoa. Gary, um escritor, havia passado anos em Los Angeles escrevendo roteiros para séries cômicas. Seu objetivo era ganhar a vida em Nova York (um campo infértil para roteiristas de comédia). Durante as primeiras sessões, ele lamentou sua incapacidade de superar a falta de oportunidades na cidade e temia ter de voltar para a Califórnia. Até que começou a pensar de modo menos convencional. Gary começou a ficar bastante entusiasmado com um *site* que havia criado, chamado Stupid .com, onde ele podia exercer seu talento escrevendo piadas e histórias engraçadas, criando jogos e vendendo doces com formatos estranhos. No começo, poucas pessoas visitavam o *site* semanalmente, depois centenas começaram a acessá-lo e, logo, milhares. Dois anos depois, Gary recusou uma proposta de um milhão de dólares pelo *site* e continuou com a diversão de seu agora lucrativo negócio.

Meu objetivo era criar um espaço para viver que fosse organizado e esteticamente prazeroso para mim. Eu tinha o hábito de "me virar" com janelas que não fechavam, guarda-roupas fora de controle e pilhas de papéis sem ordem aparente. Meu forno, que não funcionava e havia anos se tornara um depósito de cartas não respondidas de fãs, me lembrava minha escrivaninha na época da escola, tão lotada de papéis que a tampa não fechava. Eu mantinha móveis que deveriam ser reformados ou descartados e uma palmeira que não tinha mais chances de recuperação. Nos três anos seguintes, lutei contra cada um desses elementos (e contra mim mesma) e finalmente, derrotada por minha falta de habilidade na área de decoração, resolvi o problema pedindo a ajuda de minha talentosa amiga Marilyn Glass. Atualmente vivo no que é, para mim, um ambiente maravilhoso – e que me libertou para que eu pudesse me focar em meus próximos objetivos: canto e redação.

É surpreendente a eficiência desse processo, apesar de pensarmos pouco no grupo entre uma sessão e outra. Isso se deve, em parte, ao caráter dos participantes. *Membros de grupos de apoio são altamente motivados para mudar e, assim, se tornam modelos uns para os outros.* Conforme os membros de nosso grupo se dedicam a seus objetivos, ficamos inspirados a fazer o mesmo. Como todos nós sabemos, não é fácil mudar. Um terapeuta me disse certa vez: "A última coisa que meus pacientes querem é mudar. Eles procuram alívio para a dor, e a mudança ocorre independentemente da vontade deles".

Nosso grupo começou com doze membros. Nove continuam. O objetivo de uma mulher de meia-idade era superar sua inibição em relação a sair com homens, casar e ter filhos. Depois de três anos, ela conheceu, se casou e vive feliz com seu marido e, aos 50 anos, deu à luz uma linda menina! Outra pessoa saiu do grupo depois de alcançar o objetivo de tornar seu negócio rentável, satisfeita por não ter mais nada que quisesse melhorar naquele momento.

Apesar de o restante de nós também ter alcançado nossos objetivos iniciais, não quisemos desfazer nossa tribo, então começamos a estabelecer metas secundárias. Se tivéssemos encerrado o grupo, teríamos sentido falta do apoio e da boa vontade de nosso clã, pois eles ocorrem em um cenário diferente daquele de um relacionamento. As pressões do casamento, com suas vulnerabilidades intrínsecas, são neutralizadas nesse formato menos intenso. As regras do grupo – apoio e não-interferência – protegem os membros das complicações que podem ser causadas até mesmo pelo parceiro mais bem-intencionado.

Embora os membros de nosso grupo tenham objetivos variados, esse tipo de grupo também pode ser organizado acerca de um só tema: viver sozinho, por exemplo. Os membros podem se ajudar a superar os obstáculos que estejam bloqueando o prazer de viver sozinho. É possível ainda estabelecer que cada reunião vai se concentrar em um tema: vida social, finanças, solidão etc. Também é possível formar um grupo de apoio de apenas duas pessoas, para ir atrás de objetivos específicos. Eu mostro meus textos a um dramaturgo uma vez por semana. Pedimos comida tailandesa pelo telefone (com bastante molho de amendoim), então ele lê e fala sobre seus textos, depois eu leio e falo sobre os meus. Dessa forma, nós dois produzimos mais textos em um ano (este livro, por exemplo!) do que havíamos produzido nos cinco anos anteriores. Atribuímos nosso sucesso ao apoio mútuo e consistente e à fé que temos na dedicação um do outro. Depois da sobremesa, deixamos de lado nossos textos e passamos o restante da noite lendo em voz alta trechos de nossos livros favoritos. É lindo!

Envolver outras pessoas em nossos objetivos não apenas redobra nossa força, mas parece quadruplicá-la! A questão é compartilhar. Compartilhar nossa jornada, com todas as suas dificuldades e contratempos, triunfos e prazeres, nos ajuda a crescer e prova que não precisamos enfrentar nossos desafios completamente sozinhas.

> O grupo de apoio transcende os indivíduos. Ele inspira mais empenho e oferece mais apoio do que qualquer membro sozinho conseguiria fazer.

- *Tome a iniciativa de formar um grupo de apoio.* Os membros podem ser selecionados entre amigos e amigos destes, mas restrinja essa escolha apenas entre aqueles que você considere altamente motivados a alcançar seus objetivos. Pode passar a idéia ao grupo da igreja ou a outras organizações com as quais você tenha contato. Não é essencial que você conheça os participantes – o que une o grupo não é necessariamente a compatibilidade social ou os interesses em comum, mas o esforço para mudar. Quando o grupo estiver estabelecido, evite permitir a entrada de novos membros (a menos que o número de pessoas já interessadas seja insuficiente) – haverá uma certa intimidade que você não deve perturbar.

- *Selecione apenas membros solidários e altamente motivados.* O sucesso do grupo depende de boa vontade, apoio e não-interferência e da determinação de cada participante de ser persistente na busca de seus objetivos. Para criar uma atmosfera de aceitação, é importante que os membros escutem atentamente, reajam de maneira generosa e sejam compreensivos e não críticos. Deve haver tolerância em relação ao tempo necessário para cada membro progredir – não se trata de uma avaliação. Cada membro deve contribuir com petiscos: sucos, café, biscoitos e outros alimentos.

- *Ao formar um grupo de apoio, cada membro deve estabelecer seus objetivos pessoais, como vencer as dificuldades de viver sozinho ou realizar projetos específicos.* Comprometa-se a realizar reuniões regulares por um período estabelecido, por exemplo: três anos, se os encontros forem mais espaçados (você vai se surpreender com a rapidez com que o tempo passa), ou um período mais curto se os encontros forem semanais.

- *Para atingir seu objetivo pessoal, faça uma lista de tudo que deseja fazer, ser ou ter e destaque as opções que sejam possíveis, em ordem de importância para você.* Identifique seus objetivos de curto e longo prazo com base no que vai contribuir para sua felicidade. Se o grupo estiver lidando apenas com a vida de solteiro, permita que cada membro trabalhe suas questões pessoais no próprio ritmo, ou escolha um assunto para cada sessão, como solidão, integração social ou bem-estar financeiro.

- *Limite o tempo durante o qual cada membro pode falar, usando um cronômetro.* É mais sensato do que dar a alguém a tarefa de interromper quem fala. Dez minutos são suficientes se o grupo for grande; com menos participantes, você pode dar mais tempo. As respostas do grupo podem ser de cinco minutos ou mais, dependendo do tamanho. Às vezes, é importante permitir mais tempo, se um membro tem um problema complicado para resolver.

- *Não existe limite de tempo para o sucesso.* Toda reunião deve ser iniciada com os membros reiterando seus objetivos e depois relatando o progresso obtido desde o último encontro. Se pouco tiver sido obtido, é importante que a pessoa descreva os obstáculos que atrapalharam o progresso e que receba sugestões de como superá-los.

- *Não há problema em mudar o objetivo.* Às vezes, na busca de uma meta, fica claro que existe um caminho mais enriquecedor a ser percorrido. O membro deve explicar a nova direção, para que o grupo compreenda que a mudança não é destrutiva nem uma fuga do objetivo original.

- *Quando um membro quiser sair do grupo, permita que ele se vá sem fazer nenhum tipo de pressão.* Seguir adiante e realizar mudanças (mesmo que sejam para melhor) pode parecer ameaçador, e é preciso estar pronto para isso – mas nem todos estão. Ao incentivar a autonomia da pessoa que parte do grupo, você deixará a porta aberta para que ela retorne no futuro, se decidir alcançar uma meta novamente. Quem já atingiu seu objetivo e deseja seguir adiante deve ser celebrado – é um tributo à eficácia do grupo que a pessoa está deixando.

10
Viajar sozinha
(Um desconhecido não é um ET
– todos temos algo a oferecer)

> Desta hora em diante, ordeno a mim mesmo
> que me liberte de limites e linhas imaginárias,
> e, como meu próprio senhor total e absoluto,
> caminharei para onde eu quiser [...]
> – *Walt Whitman*

Sempre fiquei encantada com aquelas histórias de mulheres vitorianas caminhando sozinhas pelo deserto ou acampando na imensidão gélida do Tibete. *Que glória*, eu pensava, *aventurar-se pelo mundo sozinha, sem um homem para se sentir ofendido e sem a companhia de ninguém*. Eu imaginava a emoção de superar todas as dificuldades, a liberdade de escolher por onde ir sem ter de enfrentar a resistência do parceiro, livre para mudar o que quiser, livre para ser eu mesma – uma aventureira Senhora do Universo. Essa fantasia era tão romântica para mim quanto um filme de amor.

No entanto, agora que estava vivendo sozinha havia alguns meses e não tinha companheiro de viagem, hesitei. E a parte do "ficar sozinha"? Com quem eu poderia falar sobre minhas impressões: os pores-do-sol, a comida diferente, os banheiros engraçados? Para quem eu poderia mostrar uma montanha repleta de vinhas na Itália ou falar sobre o casal de namorados da outra mesa? Com quem eu poderia ficar no terraço de um casarão, admirando os limoeiros que brilhavam sob o luar da Riviera Francesa? E quanto aos pequenos acidentes de percurso, carros quebrados, direções erradas, pessoas hostis?

 Apesar de já ter viajado a trabalho, eu sempre era recebida por alguém no aeroporto e levada imediatamente à empresa que havia me contratado. Nunca tinha viajado sozinha. Nunca. Prudentemente, cancelei uma viagem sozinha para o exterior e decidi tentar uma aventura menos cheia de emoções, na costa da Califórnia. Seria libertador percorrer rotas e ver locais que no passado haviam entediado meu parceiro; por outro lado, eu poderia deixar de lado atrações turísticas que o deixariam fascinado, mas que não me atraíam. Apesar de ter me preparado para a perspectiva de sentir solidão, fiquei surpresa ao perceber que, sem uma companhia, poucas vezes me senti sozinha.

∽

 Quando eu estava comprometida, fazia parte de uma fortaleza de duas pessoas, firme, imponente. Sozinha, eu estava vulnerável e acessível. Quando eu parava para tomar um café ou admirar o mar, geralmente havia outras pessoas fazendo o mesmo. Um casal de japoneses me entregou uma câmera e pediu que eu os fotografasse, com o oceano ao fundo. Eles queriam praticar o inglês e, juntos, rimos enquanto tentávamos nos comunicar. Uma jovem com uma mochila nas costas estava debruçada sobre o parapeito procurando, na água, os leões-marinhos, e perguntei se ela queria usar meu binóculo. Nós o dividimos por alguns minutos, no esforço vão de ver alguma coisa parecida com um peixe, e sorrimos com simpatia uma para a outra. Quando finalmente desistimos e nos despedimos, voltei para o meu carro com uma sensação boa.

Percebi, pela primeira vez, que *um desconhecido não é um ET – todos temos algo em comum*. Cada encontro que tive com estranhos fortaleceu minha impressão do mundo como um lugar muito mais receptivo do que eu imaginava. Sim, meu carro teve problemas, mas diversas pessoas pararam para me ajudar. Na verdade, o mecânico me levou para a casa da mãe dele, onde pude passar a noite! Mas quão difícil poderia ser? Afinal de contas, eu falo o idioma local e muitas vezes sou reconhecida como a Agente 99. O verdadeiro teste ocorreria quando eu viajasse sozinha para outro país, um que não estivesse tão saturado pela televisão. Sempre tive vontade de conhecer as ruínas incas de Machu Picchu, por isso fui para o Peru. Não foi a mesma coisa. Foi melhor ainda. Quando saí do pequeno avião que nos levou de Lima a Cusco (local de onde partiríamos para Machu Picchu), entrei em um mundo antigo. Como a altitude fez meu coração disparar, aceitei de bom grado entregar minha mala a um guia simpático, que a carregou até o hotel e me levou ao meu quarto, com uma xícara de chá de coca para que eu não sofresse tanto com os efeitos de estar a 3.400 metros de altitude nos Andes.

Meu corpo, abatido pela altitude, parecia irreal, e todos os lugares para onde eu olhei aquela noite, ao caminhar pelas ruas dessa cidade preservada, pareciam saídos de sonhos. As camponesas de gorro e saia florida não estavam fantasiadas para os turistas – era assim que ainda se vestiam, como personagens de um livro de histórias. Eu me sentia como uma leitora que tivesse acidentalmente entrado nas páginas desse livro e percorria o local com felicidade. Toda a ligação que eu tinha com a realidade de minha vida, com as atividades e os amigos, se dissolveu diante da novidade desse mundo paralelo, que me envolveu completamente, impedindo que eu me sentisse sozinha. Durante a semana seguinte, um mundo com sabor inca substituiu meu antigo mundo, com a vantagem de que, como visitante, eu estava livre da obrigação de construir uma vida real com aqueles elementos mágicos. E, como estava sozinha, não havia nada que me lembrasse minha casa – nem mesmo uma companhia –, e não sofri com a pressão dos gostos, horários e impressões de outra pessoa. Eu estava livre para conhecer as surpresas das travessuras de crianças no mercado e, à noite, desimpedida para andar sozinha por uma região antiga de casas de barro, em ruas com um emaranhado de fios que culminavam de vez em quando em uma lâmpada de sessenta watts.

Se eu não estivesse sozinha, não teria contratado um guia para me acompanhar a Machu Picchu e teria perdido a conversa valiosa que mantivemos. No trem, ele me disse: "Nunca sairei de Cusco".

"Por que não?", perguntei.

"Tenho amigos que se mudaram para Lima ou para os Estados Unidos, e eles têm muitas coisas que eu não tenho – TVs e carros –, mas se tornaram cada vez mais alienados. Aqui, estou cercado por três gerações da minha família. Todos os dias, quando ando pela rua, amigos sorriem e acenam, ou param para conversar." Então ele colocou a mão no peito e disse: "Aqui em Cusco, meu coração está feliz".

Essa sabedoria encheu meus olhos de lágrimas. Conheço poucas pessoas que poderiam dizer isso. E, se eu não estivesse sozinha, não teria sido convidada, em Machu Picchu, para jantar com um casal de quem fiquei amiga. E, em meu quarto (sem eletricidade), tinha de estar sozinha no escuro para sentir os mistérios sinistros daquele lugar, e para sentir uma redenção pessoal conforme o alvorecer espalhava sua luz confortante pelas ruínas.

Envolvida com as pessoas que conheci, a arquitetura e o esplendor natural do Peru, em nenhum momento senti solidão, apenas lamentei quando a viagem terminou. *Não pode existir solidão quando existe uma ligação com a cultura, o povo e o local em si.*

∽

Na melhor das hipóteses, viajar sozinha é um prazer e uma alegria; na pior, é instrutivo. Poucos meses depois de ter terminado meu relacionamento, lembro de estar sob um calor de derreter em Nova York, sem trabalho e sem amigos na cidade. Era agosto, e a desolação estava me sufocando. Eu precisava escapar para algum lugar. Lembrei-me de, certa vez, me sentir muito feliz na Riviera Francesa, por isso, num impulso, fiz as malas e viajei para Nice. Cheguei na alta temporada e, com muita dificuldade, encontrei um quarto em um hotel decadente e lotado, onde o grosseiro carregador deixou minha bagagem em uma "suíte" que parecia ter sido destruída pelas hordas de turistas que ali haviam se hospedado. Na hora do jantar, em um restaurante com luz neon, sentei envolta em minha tristeza e não olhei para ninguém, exceto o garçom. Aquela noite, sob a luz pálida de meu cubículo no hotel, a solidão – o vírus pessoal que eu havia trazido de Nova York – me engoliu.

Pela manhã, me sentia não apenas infeliz, mas também assustada. Lembrei que, certa vez, havia passado de carro com meu marido sobre os Pireneus, agarrada à porta do veículo enquanto olhava para baixo e via um desfiladeiro de quase mil metros. Rendendo-me ao medo de altura, cancelei o aluguel do carro, voei para Paris e aluguei um Peugeot, com a intenção de dirigir pelos vinhedos. Mas todos os hotéis estavam lotados, e perdi as esperanças de encontrar um quarto. Quando entrei em um bistrô para almoçar, minha solidão só piorou enquanto observava, com melancolia, famílias conversando, acalentados em seu jeito francês, enquanto eu sofria para me comunicar no idioma. Com medo de passar outra noite em claro, corri para Calais, na costa, peguei um barco para a Inglaterra e me entreguei à misericórdia de um amigo por alguns dias. Depois voltei para Nova York, mais infeliz do que nunca.

∽

O que eu havia feito de errado?

Tudo. Em uma tentativa desesperada de escapar da solidão, me meti em outro país no pico da alta temporada, sem reservas e com a garantia de me sentir ainda mais isolada, por não falar o idioma. Poderia ter dado certo se tudo tivesse ido bem, mas não foi o que aconteceu, e, por estar deprimida, me retraí e fui incapaz de encarar os contratempos e apuros com bom humor. Como eu estava vendo o mundo pelas lentes da solidão, fiquei menos propensa a me ligar às outras pessoas – a única coisa que teria ajudado naquela situação. Teria sido muito melhor viajar com um grupo, fazer um cruzeiro, partir com o grande desejo de conhecer um lugar novo, seu povo, sua arquitetura, locais artísticos e históricos. Assim, eu teria recebido bem qualquer coisa ou pessoa que encontrasse. Mas minha motivação era negativa. Eu estava tentando escapar de um estado de espírito, mas não consegui. Não me relacionei com Nice, com os franceses nem com outros turistas. Fiquei presa na dolorosa solidão da qual tentara fugir. Foi um erro que nunca mais repeti.

Existem muitos viajantes sofisticados que se viram sem fazer reservas em hotéis, mas é pouco provável que tentem fazer isso na alta temporada. Quando estou viajando com um amigo ou amiga, fico feliz com uma abordagem "seja o que Deus quiser", mas, sozinha em outro país, prefiro a segurança de ter reservas em um hotel e procuro viajar na baixa temporada, quando os nativos estão menos esgotados e existe uma expectativa maior de conseguir estabelecer uma ligação com eles.

Minha atitude parece medrosa demais em comparação à de Bess, que, aos 72 anos, alugou sua casa durante sete meses e, com nada além de um itinerário e uma mochila, saiu pelo mundo. "Acredito que não faço planos muito meticulosos", ela disse, rindo. "Simplesmente saio do avião e peço que alguém me dê instruções para chegar a um hotel ou albergue. De todos os lugares em que estive, em apenas um deles, na África, tive problemas para encontrar acomodação. Felizmente, conheci um homem no avião que me hospedou em sua casa. Mas isso tudo faz parte da aventura. Gosto de ser surpreendida." Gaguejei que algo assim é mais surpresa do que eu poderia agüentar.

"Quando você viajou pelo Camboja, África e Tibete, andou sozinha?", perguntei.

"Bem, na maior parte do tempo, sim. É claro que eu sempre consultava o guia de viagens para ter o cuidado de não entrar na linha de fogo de ninguém. Não sou maluca! Mas, quando percebia que estava fisicamente segura, me sentia bem feliz sozinha. Digo 'sozinha', mas na verdade encontrava pessoas por toda parte – nunca ficava só por muito tempo. Em todas as viagens que fiz, nunca senti solidão. Nem uma única vez. O mundo está repleto de pessoas gentis, felizes em ajudar quando necessário. Nem sempre lemos sobre elas nos jornais, mas as viagens me mostraram que elas existem. É claro que nunca se sabe o que pode acontecer, e não podemos nos iludir. Você aprende sobre seus medos (no meu caso, o medo de altura que senti enquanto subia para o acampamento-base do Everest) e sobre suas capacidades. Afinal de contas, é o desafio que nos faz crescer. A alegria está na luta." Apesar de ela ter enfrentado mais lutas do que eu conseguiria, Bess é minha heroína. Ela brilha em um dos extremos da auto-suficiência.

No outro extremo está Diane, que vive sozinha e já percorreu o mundo – aliás, ela já esteve em muitos dos lugares visitados por Bess. Também nunca teve uma experiência ruim, mas seu estilo é completamente diferente. Suas viagens são meticulosamente planejadas. Todos os detalhes são cuidadosamente estudados, e ela sempre viaja com amigos ou grupos.

Todas as pessoas que entrevistei, independentemente de terem um estilo de viagem improvisado ou controlado, falaram sobre viajar sozinhas com muita animação. Lori, que tem 30 e poucos anos, ficou fascinada pela egiptologia muitos anos atrás e já foi várias vezes ao Egito. Em uma das viagens, ficou sabendo de um oásis que parecia fascinante, mas que só poderia ser acessado com uma viagem de dez horas pelo deserto. Ela contratou um motorista e atravessou o deserto, que parecia ainda inexplorado.

"Você sabia onde passaria a noite?", perguntei.

"Não, mas fiquei sabendo, no Cairo, que havia um homem que abrigava grupos de pessoas no deserto."

Ela falou sobre a alegria de sair da rotina, livre para ir atrás de seus interesses, para onde eles a levassem, e para mudar seu itinerário se ficasse sabendo de algum lugar que ainda não conhecia. Viajar com uma companhia poderia estragar sua sensação de aventura. Ela me disse que não apenas nunca se sentiu solitária como, por suas experiências com as pessoas terem sido tão tranqüilas, se sente protegida quando viaja sozinha para o exterior.

∽

Quando paramos para pensar, vemos que é impossível viajar sozinha. Estamos entre pessoas em todos os lugares, a menos que decidamos navegar o Atlântico sem companhia. Geralmente há sempre alguém por perto com quem podemos compartilhar nossas impressões, e hoje, com celulares e computadores, é difícil dizer que estamos isoladas e sem recursos. *Somos uma família de seres humanos. Independentemente do idioma, podemos nos ligar uns aos outros se estivermos receptivos, curiosos e animados.*

Raramente estamos sozinhas quando viajamos sem companhia, se estivermos dispostas a nos relacionar com as pessoas pelo caminho.

- *Identifique o estilo de viagem mais adequado a seu temperamento e a suas necessidades.* Se você estiver viajando sozinha pela primeira vez, talvez seja melhor fazer um cruzeiro ou uma excursão. Terá a vida social garantida e acesso imediato a pessoas experientes em resolver contratempos. Se você costuma ficar ansiosa longe de casa, é melhor reservar o hotel com antecedência. Se prefere correr riscos e improvisar, é mais fácil viajar na baixa estação, quando existem mais opções de acomodação. Muitas pessoas que viajam sozinhas pegam ônibus e trens para poderem ficar livres para aproveitar a paisagem.

- *Procure viajar na baixa temporada.* Quanto menor é a procura, mais fácil é reservar quartos em hotéis e mesas em restaurantes e encontrar oportunidade de conversar com as pessoas. Os museus e pontos turísticos ficam menos lotados, o que permite uma experiência mais intensa. Os moradores da região e as pessoas que trabalham em hotéis, restaurantes, lojas e museus estão mais tranqüilos e comunicativos, e a possibilidade de conhecer outros viajantes aumenta.

- *Pesquise sobre seu destino.* Pegue dicas sobre restaurantes, hotéis e locais interessantes com agentes de viagem, livros, Internet e de pessoas que já estiveram lá. Saber algo sobre o local com antecedência lhe dá uma vantagem durante os primeiros dias. Assim, procure informações nas secretarias de turismo locais, no hotel onde estiver ou com as pessoas que encontrar pelo caminho. Geralmente existem lugares conhecidos apenas pelos moradores e que podem ser tornar o ponto alto de sua viagem. Seja flexível e esteja disposta a mudar o itinerário para poder seguir essas sugestões.

- *Sempre se informe bem antes de se aventurar em países com problemas.* As companhias aéreas podem oferecer informações desse tipo. Em caso de emergência, é importante ter uma lista de contatos, como a Embaixada do Brasil ou, se possível, moradores da região indicados por amigos. Consiga tais informações com antecedência – é mais difícil resolver as coisas quando se está doente ou em apuros.

- *Acostume-se a comer em restaurantes sozinha.* Você verá que há outras pessoas que comem sozinhas também. Aproveite o contato com elas, com os funcionários que o servem, com a atmosfera e com outros clientes. Mesmo que haja pouca ou nenhuma conversa entre vocês, não se considere sozinha. Você não é uma pessoa isolada que não tem nada em comum com outras pessoas – todos estão passando pela mesma experiência de fazer uma refeição ali. Seja receptiva a conversas casuais quando se sentir bem com isso.

- *Viaje com o desejo de ver e conhecer coisas novas, não como uma tentativa de fugir da solidão ou da depressão.* Costumamos ter dificuldades para afastar o mau humor e, apesar de uma mudança de ares e a companhia de outras pessoas ajudarem a melhorar esse sentimento, não existem garantias de que não nos sentiremos ainda mais isoladas. Se as coisas não ocorrem como esperamos, os sentimentos negativos estão sempre prontos para nos ajudar a exagerar as dificuldades. Se você realmente deseja "fugir", uma boa solução seria fazer um cruzeiro ou uma excursão. Assim você encontrará atividades e momentos de socialização que podem melhorar seu estado de espírito.

- *Deixe em casa a expectativa de encontrar alguém para um relacionamento amoroso.* Assim você diminui o risco de se sentir desapontada se essa pessoa não aparecer. Pense em sua viagem como uma aventura pessoal, uma oportunidade de explorar sua liberdade e agir naturalmente. Se por acaso conhecer alguém atraente, ótimo, mas um objetivo mais realista é simplesmente conhecer pessoas interessantes.

11
Buscando a si mesma

(Amantes podem nos deixar, maridos podem morrer, amigos podem se mudar, mas a criatividade continua verdadeiramente nossa)

> UM ARTISTA PRODUZ PARA A LIBERDADE DE SUA ALMA.
> SE ELE FOR BEM-SUCEDIDO, NO FINAL VAI CONSEGUIR
> FAZER UM RETRATO COMPLETO DE SI MESMO.
> – *Somerset Maugham*

"Você está diferente hoje", escutamos quando somos crianças e estamos manhosas ou mal-humoradas. Somos incentivadas a ser "nós mesmas" – bacanas, alegres e sensatas – e a esconder nossos "eus" rebeldes, com suas melancolias, raivas e dores, prendendo-os e exilando-os nos recantos mais escuros de nossa psique. Lá eles costumam ser esquecidos (até por nós mesmas), apesar de, às vezes, nos sentirmos curiosamente incompletas. Viver sozinhas nos dá o tempo e a solidão necessários para liberarmos esses eus exilados e chamá-los para a luz.

Se é importante, como Rilke disse, "entrar fundo em nosso coração, caso contrário não chegaremos lá", certamente o caminho mais rápido é a *criatividade, o resultado mais valioso da solidão.*

É claro que qualquer pessoa pode ser criativa, mas aqueles que vivem sozinhos são agraciados com muito tempo para si, tempo para estabelecer uma colônia pessoal de artes, um espaço para sonhar ou para brincar. Ali, somos livres para vagar por nossa vastidão interior, com suas melancolias e emoções, e então voltar para o mundo real, sabendo mais sobre nós mesmos do que antes.

Os caminhos são muitos – escrever é um deles. Independentemente de confessarmos nossos pensamentos em um diário, explorá-los na ficção ou lançá-los na órbita da poesia, escrever pode nos levar "fundo em nosso coração", onde nossos eus multifacetados estão tentando ser ouvidos.

Certa noite, eu estava jantando com meu amigo Bartolo e, brincando, sugeri que escrevêssemos um poema juntos. Ele pareceu assustado e recusou minha proposta. "Não sou poeta", ele riu. "Li pouquíssimas poesias e não tenho vocabulário nem imaginário de poeta. Nem conteúdo, aliás. Não! De jeito nenhum!"

"Mas você é cantor e gosta de belas letras", argumentei.

"Cantar uma letra", ele insistiu, "é muito diferente de compor uma." Pediu uma bebida.

Eu escrevi uma linha e empurrei o caderno para ele. Ele leu o que eu escrevera, suspirou e escreveu algo para me agradar. Então, passou o caderno para mim e tomou um gole de sua bebida. Depois de algumas "trocas", o poema parecia terminado, e o li para ele. Ele ficou agradavelmente surpreso. "Deve ter sido a bebida", disse, um pouco envergonhado, e pediu a conta.

No dia seguinte, ele me telefonou e perguntou: "Posso ler uma coisa para você?" Então leu um longo poema, repleto de imagens de infância – de amor e perda –, escrito em um tipo de linguagem que ele nunca usaria no dia-a-dia.

"Você escreveu um lindo poema", eu disse. "Fiquei muito emocionada."

"Não fui eu que o escrevi."

"Não? Quem escreveu?"

"Não sei", ele respondeu. "Alguém o escreveu através de mim. Algum desconhecido. Não sei quem ele é, mas certamente não sou eu. Eu não sei escrever assim!"

Ao longo do ano seguinte, Bartolo escreveu mais de cem poemas sobre o mundo daquele desconhecido. Ele o encontrou à meia-luz de sua memória, nas furiosas fronteiras de sua infância. Bartolo havia começado a ressuscitar seus eus exilados.

Como ele vive sozinho, estava sempre pronto para aceitar as inesperadas propostas de seu inconsciente. Quando esse "desconhecido" dentro dele precisou falar, Bartolo não precisou adiar o contato ou se trancar no quarto para encontrar a solidão tão necessária ao ato de criar. À meia-noite ou de madrugada, no meio de uma refeição ou no metrô, Bartolo escrevia sem as interrupções de uma parceira. *Quando vivemos sozinhos, o tempo e a liberdade estão a serviço de nossa inspiração, de modo que os artistas envolvidos em um relacionamento podem até invejar.*

Quando meu amor pela leitura me levou a escrever, fui logo derrotada pela inibição. O poeta Wallace Stevens falou sobre ir para o escritório no sótão após o jantar e "cruzar a linha". Mas muitos de nós nos acovardamos diante desse limite psicológico e tolhemos a aventura de nossa alma.

Fui falar com meu amigo Jan Stussy, o pintor mais produtivo que conhecia. "Como você encontrou a coragem?", perguntei.

"Quando eu estava na oitava série", ele disse, "percebi que, se fizesse a primeira marca, o resto simplesmente aconteceria. Não importa se for a primeira marca com o pincel sobre a tela ou com o lápis sobre o papel, tenha coragem de fazê-la e deixe-se entrar em queda livre. Arte cria arte."

"Queda livre?" Parecia perigoso.

"Como mergulhar. Vá até a beira. Não pense. Não olhe para baixo. Apenas mergulhe!"

Decidi tentar. Sentei-me com papel e caneta e apenas escrevi, de qualquer maneira, sem julgamentos, sem revisar as palavras. Foi como enlouquecer de modo delicioso nas páginas! De onde vinham aqueles sentimentos? Quem os estava sentindo? Quem estava escrevendo pensamentos e imagens tão estranhos? Sempre que eu retornava à realidade, voltava com uma estranha e valiosa criação. Não importava se o mundo valorizaria igualmente minhas criações – elas eram minhas e eu as recebia em casa como se fossem minha família.

∽

Depois de algum tempo, eu revia minhas criações selvagens e tentava compreender o que elas queriam dizer. Geralmente eu suavizava seus contornos rudes e as deixava mais apresentáveis. Mas minhas preferidas não queriam ser civilizadas – eram segredos revelados apenas a meus olhos. Eu as coloquei em um caderno especial chamado "Páginas de Tempestade". Na privacidade dessas folhas, nenhum pensamento era censurado, nenhum desejo deixava de ser expresso, nenhuma raiva deixava de ser registrada. Era um abrigo para os eus do fundo da jaula, aqueles que se remexem e lutam, aqueles que vivem nos sonhos e se revelam em pesadelos.

As Páginas de Tempestade se tornaram meu caminho para a auto-revelação. Nelas eu vivia os acontecimentos do dia em câmera lenta, com mais força do que eu conseguia na vida real. Eu ousava ser verdadeira, ousava sentir de verdade. Escrever havia se tornado uma maneira de respeitar meus eus autênticos.

O momento mais fértil para eu entrar em meu inconsciente era logo depois de acordar. Em silêncio e em privacidade absoluta, me sentava enrolada em meu roupão e escrevia até ficar saciada.

Quando eu estava comprometida, sonhava em escrever, e às vezes o fazia, mas não tinha a *solidão constante para manter o hábito.* Geralmente, depois do café-da-manhã e de ler o jornal, as atividades do dia roubavam nosso tempo e calavam as frágeis vozes de meu mundo de sonhos. À noite, participávamos de atividades sociais, e a exaustão apagava a chama de minha inspiração.

∽

Minha inspiração é tímida, se aproxima lentamente – apenas no silêncio – e desaparece à menor perturbação. Somos como a Raposa e o Pequeno Príncipe, na história de Saint-Exupéry: quando o Pequeno Príncipe pergunta à Raposa como eles podem ser amigos, ela diz que, se os dois ficarem sentados em silêncio em pontos opostos de um campo todos os dias, depois de muito tempo serão amigos. Somos tanto o Pequeno Príncipe como a Raposa e precisamos de muito tempo em nosso campo de solidão para nos tornarmos íntimos de nós mesmos. Um escritor certa vez comentou que, depois de ter passado grandes períodos sozinho, se sentia maior do que antes. *Esse tempo de solidão é o elixir do artista; as pessoas solteiras são abençoadas com ele.* Eu escrevi mais no primeiro ano que passei sozinha do que havia escrito em toda minha vida.

∽

Criamos para nos tornarmos completos. Podemos escolher dividir nossas criações com o mundo ou não. Quando amigos meus descobriram minhas Páginas de Tempestade, perguntaram se eu pretendia publicá-las. Não pretendia – seria como tentar publicar minhas orações. As recompensas interiores são imensas, independentemente de compartilharmos ou não nossos esforços. *Existe êxtase quando nossos eus mais intensos estão envolvidos no ápice de nossa capacidade.*

Não é nada realista esperar ser completamente aceito e compreendido na vida. Se tivermos sorte, teremos um amigo ou dois que incentivarão a grande avalanche de nossa vida interior. Ou talvez um bom terapeuta. Mas nossa arte nunca vai nos decepcionar. Ela existe para guardar tudo que estivermos dispostos a expressar.

Rilke, o astro da solidão, disse: "e naqueles momentos de silêncio, quando algo misterioso se aproxima, quero estar com aqueles que conhecem coisas secretas ou, então, sozinho". Suspeito de que esse "algo misterioso" que se aproxima são nossos eus abandonados. Todos nós somos um arquivo de nossas "coisas secretas", que se aproximam com suas lágrimas não derramadas e seus sonhos escondidos.

Gosto de imaginar um baú trazido das profundezas, no qual todas as provas de nossos eus foram reunidas, um tesouro pessoal como as Páginas de Tempestade, cultivando fúrias que somos civilizados demais para expor ou efusões extravagantes de amor que sufocariam qualquer pretendente. Ele está repleto de sinais de nossa verdade interior, o que prova que somos maiores do que o mundo nos incentiva a acreditar.

Amantes podem nos deixar, maridos podem morrer, amigos podem se mudar, mas a criatividade continua verdadeiramente nossa se respeitarmos nossa solidão, mergulhando em recantos mais profundos, livres e completos do que nossa vida na superfície. Quando aprendemos o caminho, podemos acessá-los sempre que quisermos – *se fizermos a primeira marca.*
Não pense. Não olhe para baixo. Apenas mergulhe!

A criatividade é o caminho mais
rápido para nossos eus verdadeiros.

- *Faça uma lista com os interesses artísticos que você tem, mas que hesita em desenvolver.* Se você gosta de ler, talvez já tenha desejado escrever; se a música lhe interessa, pode ser que queira cantar ou compor, ou, quem sabe, você se lembra do prazer de pintar nas aulas de educação artística na escola. Você pode ter inspiração lendo, vendo quadros ou escutando suas músicas favoritas. Mas o ponto principal é usar essas formas de arte para expressar, sem reservas, seus verdadeiros sentimentos. Não se limite a uma atividade se outras também a atraem. Se gosta de falar e tem disposição para escrever, pense em um segundo caminho de expressão, como a pintura ou a música.

- *Determine o melhor momento para entrar em contato com a parte mais profunda de si mesma e tente tornar esse tempo constantemente disponível.* Algumas pessoas preferem trabalhar quando acordam; outras, tarde da noite, quando não há distrações. Organize sua semana de modo a garantir que você encontre tempo para pintar, escrever, cantar ou compor. A persistência trará as recompensas mais valiosas.

- *Reúna as ferramentas da criatividade: cadernos, tintas, pincéis, instrumentos musicais.* Mantenha-as em um local especial, onde estejam sempre à mão. Algumas pessoas preferem trabalhar no mesmo local todos os dias, como se a inspiração fosse mais facilmente encontrada ali.

- *Faça a primeira marca. Ouse. Não pense. Não olhe para baixo. Apenas mergulhe!* Seja impulsiva. Qual é a pior coisa que pode acontecer? Esperamos ser surpreendidas por uma parte irrefreável de nós mesmas, que não pode ser expressa em nosso dia-a-dia. As descobertas que buscamos só poderão nos surpreender quando estivermos prontas para aceitar o que vier. Se você gosta de escrever diários, faça uma versão das Páginas de

Tempestade que seja apenas para sua leitura. Nelas, expresse seus sentimentos mais desmedidos, de modo detalhado e descritivo. É nosso direito nato reivindicarmos todos os nossos eus, não apenas os mais socialmente aceitáveis. Aproveite a liberdade.

- *Não julgue suas criações. Aceite-as com gratidão.* O que expressamos é uma parte valiosa de nós mesmas e merece nosso respeito. Se quiser mostrar suas criações ao mundo, para concorrer com outros artistas, estude e trabalhe para atingir seu objetivo. Mas, mesmo assim, deve haver um abrigo seguro e sem competições para suas produções mais selvagens – aquelas que revelam e libertam nossos eus aprisionados.

- *Desenvolva o hábito de voltar-se para si mesma.* É uma maneira de voltar ao nosso lar, de nos sentirmos completas. Pessoas que têm o costume de se expressar artisticamente sentem saudades do lar se, durante um período, não puderem fazê-lo. Quando estiver viajando, leve consigo um caderno ou um *kit* pequeno de aquarelas. Não existe motivo para deixarmos nossos eus para trás – somos sempre boa companhia!

Epílogo

Em todos os lugares e períodos ao longo de sua vida,
aceite sinceramente o que o lugar e o momento podem lhe dar,
e encare as limitações como vantagens, não como problemas.

– *John Ruskin*

Rilke escreveu: "Quero me desvelar. Não quero me manter velado em nenhum lugar, pois onde me velo, sou uma mentira". Por mais arriscado que isso possa parecer a princípio – com seu isolamento imaginado e suas vulnerabilidades –, a vida de solteira nos convida a nos desvelar o máximo possível.

∽

Alguns anos atrás, organizei uma festa de Natal. Preocupada com a possibilidade de algum convidado me trazer um presente e eu não ter com que retribuir, comprei brotos de açucena embrulhados em caixas de papel, com a tampa cheia de dobras complicadas, e os coloquei no armário do meu quarto, só para garantir. Durante a festa, dei a maior parte deles. Três meses depois, ao entrar em meu quarto, algo me chamou a atenção. Saindo por baixo da porta do armário, havia uma asinha verde-clara. Intrigada, segui aquilo atrás da porta e encontrei uma caixa esquecida com o broto de açucena. A folha havia conseguido passar pelas dobras complicadas da tampa até atingir o chão, para receber a luz que vinha pela fresta da porta. Quando abri a caixa, senti minhas pernas ficarem fracas. No esforço de cumprir seu destino de açucena, o broto havia nascido naquela prisão escura – o caule estava todo enrolado, e as flores vermelhas estavam parcialmente abertas e morrendo.

A açucena, tentando se abrir na caixa, é uma metáfora para muitas de nós que, por ignorância ou medo, trancamos nosso potencial no fundo de nossos armários mentais, construídos com as atitudes da sociedade acerca de como as coisas "devem ser". Para conseguirmos florescer, devemos procurar a luz do sol das possibilidades, ousar sermos donas de nosso destino e levar uma vida que seja valiosa simplesmente por ser vivida de modo completo.

Existe uma bela frase, atribuída a Jesus Cristo, no Evangelho de Tomás, descoberto há pouco tempo: "Se você revelar o que existe dentro de você, o que revelar o salvará. Se não revelar o que existe dentro de você, o que não revelar o destruirá".

Viver sozinhas faz com que nos tornemos empreendedoras de nosso destino. Quando estabelecemos nossos interesses individuais e a proximidade com os outros, os espaços silenciosos entre os acontecimentos deixam de parecer vazios. Podemos aproveitar até mesmo a anarquia de não fazer nada, de apenas olhar pela janela, brincando e aproveitando o tempo, como uma lontra na água. Em outras palavras, como Gerard Manley Hopkins escreveu, "O que eu faço sou eu. Para isso eu vim".

~⊙

A escritora Dory Previn conta uma história sobre quando dirigia à noite, enquanto morava na Califórnia, e, sempre que via uma luz na janela de uma casa, pensava: "Aquela pessoa descobriu o segredo da felicidade". Uma noite ela se perdeu, entrou em uma rua qualquer, viu ao longe a luz de uma janela e novamente pensou: "Aquela pessoa descobriu o segredo da felicidade". E então percebeu que era sua própria casa!

Viver sozinha nem sempre é perfeito, assim como o casamento nem sempre o é, ou qualquer outra coisa na vida. Sozinhas, simplesmente tiramos o holofote de cima de nosso parceiro para concentrá-lo mais no mundo e em nós mesmas. Podemos procurar ajuda fora e também dentro de nós.

Entrevistei muitos solteiros que falaram maravilhas sobre viver sozinhos. Aqueles que foram criados com intimidade e afeição acham esse estado fácil e natural. Aqueles que foram crianças solitárias tiveram de aprender que, na fase adulta, têm um mundo de pessoas e opções a sua disposição. Mas todos compartilham três características básicas: curiosidade, entusiasmo e o desejo de celebrar a vida vivendo-a completamente. Edna St. Vincent Millay capturou isso de modo muito belo quando escreveu: "*Oh, mundo, não posso abraçá-lo forte o bastante!*"